2022年国内
旅游宣传推广优秀案例

文化和旅游部资源开发司　编

中国旅游出版社

策划编辑：谯　洁
责任编辑：刘志龙
责任印制：冯冬青
装帧设计：中文天地

图书在版编目（CIP）数据

2022 年国内旅游宣传推广优秀案例 / 文化和旅游部
资源开发司编 . -- 北京：中国旅游出版社，2023.11
　ISBN 978-7-5032-7209-7

　Ⅰ. ① 2…　Ⅱ. ①文…　Ⅲ. ①旅游业—宣传工作—案
例—中国— 2022　Ⅳ. ① F592.3

中国国家版本馆 CIP 数据核字（2023）第 172227 号

书　　名：2022 年国内旅游宣传推广优秀案例

作　　者：文化和旅游部资源开发司　编
出版发行：中国旅游出版社
　　　　　（北京静安东里 6 号　邮编：100028）
　　　　　https://www.cttp.net.cn　E-mail: cttp@mct.gov.cn
　　　　　营销中心电话：010-57377103，010-57377106
　　　　　读者服务部电话：010-57377107
排　　版：北京中文天地文化艺术有限公司
印　　刷：北京金吉士印刷有限责任公司
版　　次：2023 年 11 月第 1 版　2023 年 11 月第 1 次印刷
开　　本：787 毫米 ×1092 毫米　1/16
印　　张：19.75
字　　数：278 千
定　　价：98.00 元
Ｉ Ｓ Ｂ Ｎ　978-7-5032-7209-7

目录
CONTENTS

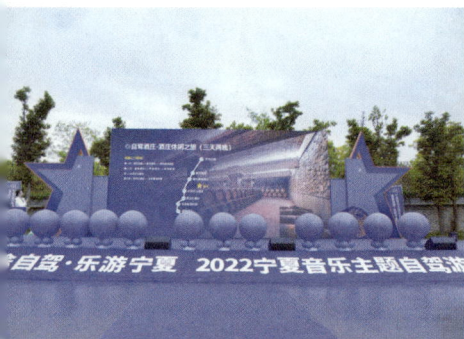

十佳案例
SHIJIA ANLI

"来福建　享福味"
解锁旅游美食"流量密码"

福建省文化和旅游厅

福建依山傍海，气候宜人，物产丰富。兼容并蓄的八闽文化，孕育出了丰富多彩的地方特色美食。闽菜是我国八大菜系之一，佛跳墙、海蛎煎、土笋冻、面线糊、建瓯光饼以及沙县小吃等特色美食享誉海内外。近年来，福建省文化和旅游系统不断探索文旅营销新模式，积极解锁美食"流量密码"，开辟营销"出圈"新路径，有效激发和引导旅游消费，持续提升福建文旅品牌的知名度和美誉度，推进文化和旅游产业高质量发展，助力做大做强做优文旅经济。《来福建　享福味》短视频便是一个成功的典型案例。

特色小吃民俗文化馆

福建特色小吃

一、案例简介

2021 年 3 月，习近平总书记在沙县小吃第一村俞邦村考察时，嘱咐沙县小吃要"再接再厉，继续引领风骚"。2022 年一开春，福建省文化和旅游厅就开始策划拍摄以沙县小吃为主题的福建美食短视频。中国旅游日（5 月 19 日）的前三天，即 5 月 16 日 15:00，《来福建 享福味》在官方微信公众号发布，15:22 在首选自媒体 B 站发布；5 月 17 日，全国 73 家媒体账号、117 个微信公众号、近 1000 个"加 V"微博用户转发了短视频，可谓"一天爆款、一夜出圈"；截至 5 月 18 日 17:00，占据 B 站热门榜第一位置持续 24 小时，B 站全站总榜热搜第 2 名，新浪微博同城热搜第 1 名。文化和旅游部舆情传播大数据系统传播路径分析结果显示，截至 7 月 15 日 12:00，这条短视频的传播受众超 2.57 亿人次。

《来福建 享福味》短视频斩获多个年度第一：第一条沙县小吃文旅创意广告片，第一次融梗策划和官方整活儿，第一次霸屏三大平台热搜，第一次进军 B 站和小红书平台，第一时间蹿红整个朋友圈。该宣传片也得到社会各方的广泛关注，2022 年入选了文化和旅游部、国家广播电视总局公布的《第二届全国公益旅游广告优秀作品》，并位居电视类作品一类首位，纳入"全国优秀广播电视公益广告作品库"，供全国各级广播电视播出机构下载展播和宣传，并荣获 2022 南方周末年度视频营销案例奖。日前，在中国智媒营销大会暨金理奖颁奖盛典上，《来福建 享福味》获得了年度智媒爆款营销案例、年度智媒营销大奖两大奖项。

这烫嘴豆腐

"来福建　享福味"宣传视频

二、创新情况

（一）策划理念创新

从大处着眼、小处发力，过去拍的营销短视频大多是唯美宏观的，这次创新选择了美食这个带有浓浓烟火气的主题。同时，认真遴选目标人群，并在这一人群聚集的自媒体首发，通过深入影响这一群体来带动其他群体。为此，选择了当前旅游消费主力军"Z 世代"，针对他们"悦己、喜欢种草、我要我觉得、场景中有我"等特点，坚持"福"文化核心，选择"戏仿"策略，将经典网络段子、经典影视作品场景等植入其中，以沙县小吃为引，用搞笑、偶像剧、王家卫等风格，分为四个篇幅向网友呈现了福建各地的美味佳肴，通过搞笑、反差、制造冲突来提升互动性。同时，采用电影级拍摄手法，将闽菜代表佛跳墙、沙县状元饼等备受市民喜爱的美食囊括片中，展现一段短小精悍的"福建美食大赏"，充分表现福建人民的搞笑热情和美食文化，既有"烫嘴普通话"般熟悉的共情面，又有"爱拼才会赢"引发共鸣的精气神，实现了"有网感，有温度，更有高度"的创意推广，让"Z 世代"年轻人产生强烈的共鸣情绪，并由他们来影响其他人群。

莆田焖豆腐　海蛎炸豆腐

"来福建　享福味"宣传视频

（二）品牌形象创新

《来福建　享福味》文旅创意宣传片，突出福建美食多样性，挖掘隐含美食背后的故事，展现福建多元文化，展示丰富的"闽式"生活，表达着由内而外、表里如一的"最福建"气质，丰富了"清新福建""福文化"等文旅品牌内涵，表现了福建文旅品牌的生活味和接地气的一面，是文旅行业一次成功的品牌营销实践，也是全国文旅宣传片的一大创新性举措。"福"文化、福建文旅品牌与沙县小吃相互赋能，在沙县小吃第一村俞邦村举办的中国旅游日福建分会场主题活动中启动了"百城万店有福味"系列宣传推广活动，将沙县小吃店打造成为弘扬"福"文化、宣传福建文旅品牌、销售文旅产品的重要载体，吸引网友关注福建文旅，邀请广大网友"来福建、享福味"。

（三）工作方式创新

《来福建　享福味》蹿红之后，继续抓住机遇、扩大影响，进一步打响"清新福建""福文化"品牌。邀请全省九市一区分管副市长录制《来福建　享福味》宣传视频。与央视频、福建广电集团在建瓯举办"2022好吃好玩享福味"福建旅游美食季，邀请央视总台主持人朱迅、尹颂主持，又一次让福建美食爆款出圈。文化和旅游部舆情传播大数据系统传播路径分析结果显示，截至 8 月 29 日 13:00，"2022 好吃好玩享福味"福建旅游美食季传播受众超 2.22 亿人次。与此同时，围绕"福味"主线，在全省各地推出福建"百碗特色美食""百个美食街区""百条美食线路"等活动。通过举办丰富多彩的文旅主题活动，每场活动力求各地推动出台一批政策，推广一个理念，生成和落地一批项目，在举办地留下一个标志性项目。

（四）营销格局创新

《来福建 享福味》改变过去相对比较呆板、各自为政推广品牌的局面，形成围绕一个主旋律，上下联动，多角度、全方位展示"清新福建""福文化"品牌的新营销格局，让文旅消费从"输血"变成"造血"。受《来福建 享福味》创意宣传成功的启示，与中央广播电视总台视听新媒体中心共同启动《乘着大巴看中国——闽山闽水物华新》融媒体直播活动，以"山海与美食"为媒介，推动"福"文化资源转化利用，活动全网观看量逾 4139 万，相关话题累计阅读量超 2.3 亿，相关话题冲上热搜 5 次。2022 年，福建开展各类文化和旅游主题活动 2000 多场，吸引不少游客前来福建体验。

三、实现效果

（一）解锁福建美食"流量密码"

《来福建 享福味》以沙县小吃品牌带动福建美食业态产品化、体系化发展。2023 年 2 月，"闽菜地标美食城市"暨"宋元海丝宴"推介活动在福建石狮举办，现场再现依托古籍精心复原的 16 道闽南特色馔品，深度还原了一席粗材细作、雅俗共赏的"宋元海丝宴"，重现宋元时期世界海洋商贸中心的儒雅韵味，再一次将福建美食展现在聚光灯下。深度营销福建美食，解锁福建美食"流量密码"，顺应了国内旅游市场从观光经济向休闲体验经济转变的发展趋势，开发了具有地方特色的"爆款"文旅 IP，推动福建推出更加多元化的富有时代气息和精神内涵的年轻化产品，打造新时代新福建崭新名片。

（二）构建文旅营销"矩阵模型"

通过"线上＋线下"多平台、多样态营销《来福建 享福味》，拓展文旅融合传播的新思路，形成了"大型活动＋创意节目＋网络直播"的矩阵式内容模式。指导各地结合本地特色，寻找不同传播点，多方同步齐发力，形成集聚效应，实现活动内容的全媒体传播，充分展示了福建不同地方的风格和特色，形成以"清新福建""福文化"品牌为龙头、各地子品牌为矩阵的传播体系，并逐步向社会全方位、多领域扩散，引起了各界热捧。同时，坚持移动优先、视频为主，传统媒体和新媒体、自媒体交互传播方式，开创"文旅＋大数据＋媒体"的新型模式，利用大数据平台、智库等方式赋能文旅经济强劲复苏发展，吸引更多游客"来福建，觅山海，乐享美好趣生活"。

（三）推动文旅市场"春暖花开"

《来福建 享福味》文旅创意宣传片，吸引不少游客来到福建，实现从"流量"向"变现"的转变。据测算，福建省 2022 年累计接待国内旅游人数 3.91 亿人次，实现国内旅游收入 4306.54 亿元，分别恢复到 2019 年的 78.1% 和 62.3%。2023 年春节假日期间，全省累计接待游客 2087.79 万人次，同比增长 25.4%；累计实现旅游收入 136.55 亿元，同比增长 78.0%，按可比口径，上述两项指标分别恢复到 2019 年同期的 98.8% 和 102.9%。其中，春节七天，沙县区共接待游客 63.45 万人次，实现旅游收入 2215.2 万元，同比分别增长 55%、54.6%。

专家点评

　　民以食为天。"吃"高居旅游六要素之首，是超级的"流量密码"。福建文旅系统依托沙县小吃的全国知名度，聚焦年轻化的旅游目标群体，以"福"文化为主题，以美食为切入口，通过策划和拍摄系列以沙县小吃为由头、幽默而又让人回味的美食短视频，并充分利用移动媒体、社交平台等新媒体形式，实现了裂变式的创意传播，引发了社会的广泛关注。更让人惊喜的是，福建提前谋划，有效地承载了流量，转化了流量，以点带面，促进了福建美食产业化、规模化和体系化发展，持续提升了福建文旅品牌的知名度和美誉度。该案例为各地文旅部门开展创意传播和品牌塑造提供了宝贵经验与启示。

长安十二时辰
——"做一回唐'潮'人"融媒体创意宣传推广品牌打造

陕西省文化和旅游厅

　　西安，故称长安，它所蕴藏的历史文化遗产凝练了中华文明鼎盛时期的精华。陕文投集团以盛唐长安历史文化为基石，以传承优秀传统文化为核心，聚焦自有商业综合体"曼蒂广场"城市更新，深度融入电视剧《长安十二时辰》IP 和唐风市井文化内容，打造了全国首个沉浸式唐风市井文化生活街区——长安十二时辰主题街区。2022 年 12 月，长安十二时辰主题街区获文化和旅游部"2022 年度文化和旅游最佳创新成果"。

"长安十二时辰"门票

"长安十二时辰"宣传海报

一、活动创新亮点

长安十二时辰主题街区作为沉浸式体验项目，在宣传推广上坚持以沉浸式文化体验为核心、以消费人群为主导、以唐节 IP 为串联、以"四大联盟"为创造营、以全域媒体矩阵为依托，逐渐形成以消费者众创为基底、典型话题作为排头突破的宣传态势，使长安十二时辰主题街区真正引爆全网，让盛世长安穿越千年，再现眼前。

（一）营造沉浸式体验新场景，掀起全网打卡热潮

近年来，文旅发展步入"深度体验模式"新阶段，颜值高、氛围浓、体验强成为游客衡量景区的重要标准。长安十二时辰主题街区在线上主打"出片""沉浸""唐风国潮"等话题，通过短视频、文化社交休闲为一体，强调关键词"唐'潮'人"，将长安十二时辰主题街区的品牌形象和消费者不断升级的需求贯通，激发游客体验热情。如在社交媒体平台自建"胖女孩的春天""茂茂，我们到长安了""外面的世界已经成这样了吗""总要来一次长安十二时辰吧"等话题，受到了广大消费者的热捧，迅速引发全网讨论和线下游览体验热潮，在成功塑造

街区场景

深入人心品牌形象的同时，形成可输出的商业模式，促进了文旅产品业态提质增效。

（二）线下线上与全媒体结合，搭建全媒体营销网络

长安十二时辰街区一亮相便获得海内外主流媒体争相报道，中央媒体如新华社、中央广播电视总台、中国日报等，就"文化赋能商业、创新文旅赋能新消费"为主题，对长安十二时辰街区进行全方位报道。省市级媒体如陕西卫视、《陕西日报》、东方卫视、凤凰新闻等，就节假日"打卡大唐盛景""古都又增新名片"等为主题进行轮番报道；海外媒体如韩联社、美通社、白俄罗斯国家电视台等对街区

街区场景

进行报道，给予"长安十二时辰将影视IP与商业IP融合、多元业态与沉浸式体验结合，开创了文化旅游全新商业模式"的高度评价。项目同时积极布局全平台新媒体矩阵，在微博、微信、小红书、抖音等设立官方账号，根据各平台特性制定差异化策略进行宣传。例如，利用抖音短视频平台用户面广、传播性强、投放精准等优势，以街区活动、NPC演艺作为短视频主要营销内容，以极短时间吸引用户眼球。同时利用地铁、高铁、旅行社、旅游协会及各类旅游团体资源，投放长安十二时辰"做一回唐'潮'人"主题系列海报宣传，推动长安十二时辰主题街区品牌形象的打造。

活动现场

（三）激发消费者体验共鸣，引发游客自传播

长安十二时辰主题街区聚焦剖析消费喜好，用沉浸式体验、剧本杀等项目激发游客的兴趣，用传统唐文化唤起游客对中国优秀传统文化的认同。对于女性客群，项目凭借美轮美奂的场景布置、唐朝妆造体验的消费场景及多元审美格局获得了女性游客认同进而打卡体验。街区以多种方式、话题唤起游客内心的共鸣，引发用户自发地在微博、抖音、小红书等平台创作及传播街区相关内容。仅在抖音平台网友自发传播的长安十二时辰相关内容单日超 5000 个、观看量超 10 万，形成的良性传播闭环让街区热度持续上涨。

（四）集结"四大联盟"，双向赋能街区

长安十二时辰主题街区通过内容创作联盟、汉服联盟、渠道联盟、文创联盟"四大联盟"，实现了双向赋能的宣传推广生态链。内容创作联盟，联合内容创作机构及 MCN 团队，建立双向的内容生产流程，持续积累街区内容的爆发力。汉服联盟，目前街区已与 20 余个城市头部汉服社团保持深度合作，形成私域强联系，输送优质头部 KOL 参与街区活动。渠道联盟，整合开放性媒体平台，建立全域化内容营销矩阵。文创联盟，联合国内一线文创品牌及个人设计师品牌为长安十二时辰主题街区开发专属文创 IP，打造文化输出新窗口。四大联盟已经孵化了一大批优质内容创作者、汉服表演者、文创设计师，以点带面，创新传播街区亮点。

活动现场

（五）IP造节塑造品牌，创建长安元宇宙

长安十二时辰主题街区通过挖掘唐代历史、民俗，创新性策划节庆主题活动，打造固定旅游节庆品牌活动——唐节。迄今为止已经制造了"福起新岁·始长安"，以冬季场景布置和NPC演艺，打造《雪落满长安》沉浸式情景演绎；"春游百花·迎长安"，万朵牡丹打造室内繁花绽放的春日盛景；"上元锦鲤·跃长安"，利用现代科技与数字艺术装置打造《飞天锦鲤秀》等为代表的十余个唐节IP品牌。同步联合头部KOL，进行UGC创作，引爆线上热点话题。街区还以唐节为载体，结合场景、美食、NPC等，不断丰富和完善长安十二时辰主题街区IP宇宙，形成了一个平行于现实世界的"长安宇宙"。

二、主要成效

长安十二时辰主题街区在一系列宣传推广作用下，仅2022年度下半年接待游客超百万人次，实现旅游收入超5000万元。从开市至今，全网媒体矩阵粉丝量超700万，累计曝光量突破100亿人次，单条视频最高播放量3200万，以超2亿的传播互动总数冲上抖音全国热榜第一，并长期占据抖音人气榜前列，位居本地收藏榜、热销榜双榜第一，成为西安乃至国内现象级的文旅IP，产生了良好的经济效益和社会效益。

13

街区演艺

（一）提振文旅产业信心，激发文化消费热情

长安十二时辰主题街区深耕唐文化底蕴，让文化"活"起来。通过不断增加文化内涵，引进国内一流团队，创排《霓裳羽衣舞》《极乐之宴》等丰富的文旅沉浸式演出新剧目，生动演绎西安深厚的文化底蕴与城市故事。结合唐文化、陕西特色文化及潮流文化，推出主题福牌、通关文牒等百余种文创产品；引入扎染、泥塑、葫芦烙画、吹糖人、鲤鱼灯制作等非遗项目，策划推出极具陕西地域特色的系列文化创意产品，并通过设立文创市集与文创花车，不断提升游客文化消费热情。

街区演艺

（二）开启夜间经济新浪潮，传统唐文化再出圈

长安十二时辰以"IP+夜游"模式赋能盛唐文化，大力发展西安"夜间经济"，加快形成独具特色的夜演、夜游、夜市三大"夜经济"内容板块，成为时尚、好玩、活力的不夜街区。夜游经济有效增加了"过夜"游客率，带动了餐饮、酒店、休闲、娱乐等泛文旅商产业高质量发展。延长消费时间，拉长消费链，让游客感受别具一格的西安夜间文化魅力。

（三）推动文化和旅游深度融合，助力产业高质量发展

长安十二时辰主题街区从顶层设计、创意规划、资源统筹和可行性验证层面进行不断创新，致力于解决国内文旅行业融合方面的局限性，突破传统文化的固有思维。

街区演艺

在整体规划上，街区将主题景观、演艺内容、商户业态等完美融合在一起，最终形成了烟火气十足的长安市井风貌，推动了集旅游、购物、餐饮、娱乐、休闲为一体的新商业、新模式、新消费、新业态，实现了传统文旅与现代商业的深度融合。

专家点评

　　"长安十二时辰"主题街区以"做一回唐'潮'人"为主线，将影视IP与唐风市井文化融合，打造了集老字号、非遗展示、时尚潮流为一体的全国首个沉浸式唐风市井文化生活街区，并通过热点话题设计、线下线上联动、布局全平台新媒体矩阵等方式，以场景为基，以文化为魂、以传播为翼，掀起了在场体验打卡热潮和夜经济消费浪潮，创造了"以文塑旅、以旅彰文"的典型案例，在促进传统优秀文化创新传承与发展领域具有全国性的引领和示范意义。

小米粉里的"柳州惊奇"
——柳州螺蛳粉文旅特色品牌宣传推广

广西壮族自治区文化和旅游厅

一、背景概述

广西柳州市是中国南方古人类发源地,是国家历史文化名城、中国优秀旅游城市,柳宗元曾任柳州刺史。柳州是广西最大工业城市,地表水水质常年保持全国第一,被誉称"山水城市中工业最强,工业城市中山水最美"。近年来,柳州市立足特色资源和元素,打造了"一车风行、一江旖旎、一花倾城、一粉飘香、一城风情"城市名片,其中"一粉飘香"即柳州螺蛳粉,是享誉全国、具有浓郁地方特色的美食,国家级非物质文化遗产。

2021年,习近平总书记视察广西亲临柳州,来到广西柳工集团有限公司、柳州螺蛳粉生产集聚区,了解企业改革创新、制造业和特色产业发展情况,对柳州螺蛳粉"小米粉、大产业"连称"惊奇"。中央媒体以"柳州惊奇"的万字雄文盛赞柳州。随着柳州袋装螺蛳粉走俏全国,同时也点亮了由螺蛳粉引流而来的柳州文旅热度,"五一"、国庆假日旅游接待人数、旅游消费在全区排名前列。一碗"网红粉",带火一座"网红城",2022年柳州接待游客5688.11万人次,实现旅游消费649.70亿元,喜爱螺蛳粉的食客也成为柳州城市的游客。

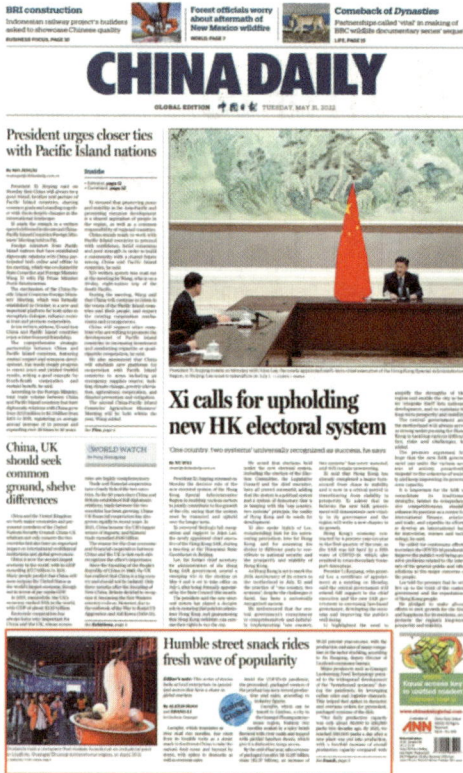

媒体宣传

二、具体做法

（一）深入挖掘历史渊源，让柳州螺蛳粉旅游更有文化内涵

一是积极探索柳州人食螺的历史渊源，不断加强白莲洞遗址、鲤鱼嘴遗址的保护力度，策划柳州史前文化研学体验。主动开展都乐史前遗址调查，2022 年实施仙佛洞遗址考古试掘工作，发现大量螺蛳壳化石堆积。同时，通过柳州市白莲洞洞穴科学博物馆展示挖掘过程中发现的大量螺蛳壳化石、石器，生动再现柳州史前先民从采集螺蛳到加工螺蛳到煮螺食螺的生产生活方式创新的转变。二是挖掘柳州螺蛳粉中包含的工业文化、民族文化、饮食文化、时尚文化、流行文化和网络文化。通过讲述宣传柳宗元的"救命粉"、谷埠有夜市、无巧不成书等关于柳州螺蛳粉起源

媒体宣传

的生动有趣故事，引起群众共鸣，勾起浓浓的"螺蛳情结"和"米粉情结"，提高螺蛳粉旅游文化内涵。

（二）"文旅＋螺蛳粉"产业融合，做足柳州螺蛳粉的"味道"

一是打造"螺味"十足的景区景点，目前柳州已拥有白莲洞洞穴科学博物馆、洛维螺蛳粉产业园、螺蛳粉小镇等4A级旅游景区，广西第一个室内外结合的"非遗活态博物馆"的窑埠古镇螺蛳街，中国首个以"螺"为元素的5G+XR主题乐园——柳州螺乐园，为游客打造全方位的"螺"体验。二是加快螺蛳粉文化旅游重大项目建设，支持鼓励有条件的螺蛳粉生产企业建设螺蛳粉主题博物馆、文化展示馆，展示螺蛳粉起源、发展和背后的故事，开放螺蛳粉生产线游览参观，丰富美食购物体验。柳州螺蛳粉饮食文化博物馆、螺霸王洛维产业园体验馆等成为柳州研学旅游首选目的地。三是推出螺蛳粉文化体验游主题线路，线路涵盖 A 级旅游景区、特色街区、城市乐园、餐饮体验馆、研学基地等带有柳州螺蛳粉"味道"的特色文化旅游地点，沿着这条线路旅客可参观螺蛳粉文化馆、游螺蛳粉生产线、品螺蛳粉小吃。

（三）完善顶层设计，文旅赋能螺蛳粉产业的高质量发展

一是发布《柳州螺蛳粉文化旅游服务规范》。为落实《柳州市柳州螺蛳粉产业发展条例》，柳州市发布《柳州螺蛳粉文化旅游服务规范》地方标准，从服务要求、服务设施、服务管理、服务监督等方面规范柳州螺蛳粉文化旅游服务，提升服务质量，完善文化旅游服务体系，推动柳州螺蛳粉文化旅游的可持续发展。二是将螺蛳粉实体店铺融入旅游线路。西环肥仔螺蛳粉、好欢螺螺蛳粉等四家螺蛳粉店铺获评2022 年广西非遗美食形象体验店。串联起柳州螺蛳粉小镇、工业博物馆、窑埠古镇等旅游景点的"美城美村——柳州非遗主题旅游线路"获评 2022 年广西民族风情和非遗主题旅游线路。

（四）持续宣传推广造势，不断提升柳州城市知名度

一是主流媒体持续宣传推广造势。柳州市积极打造融合舆论场，整合内宣外宣、网上网下，中央媒体和各省级主流媒体聚焦柳州，中共中央机关刊物《求是》杂志刊发《小米粉，大"惊奇"》，《人民日报》（海外版）刊发《一碗螺蛳粉"嗦"

宣传报道

宣传海报

出大产业》,《中国日报》刊发《街边小吃螺蛳粉:乘风起势,热卖全球》,美国侨报网发布《香飘海外的"中国味",了解中国的"一扇窗"》等文章,讲述了具有特色的柳州螺蛳粉故事。中英文短视频《粉红天下——一碗中国米粉的逆袭》获200多家媒体转载刊播。"柳州螺蛳粉国际传播系列活动"荣获第三届广西对外传播奖一等奖。二是自媒体自发持续发声。自媒体通过营造话题、发布主题文章、直播带货等方式,传播柳州声音。有地道风物发布的《为什么说广西最被低估的城市,是柳州?》、中国国家地理发布的《靠螺蛳粉出名的小城,竟然有这么多惊喜》等爆红文章。微博"#柳州螺蛳粉"话题近1亿阅读,抖音"#总要来一趟柳州吧"话题超5亿次播放,抖音电商发布《这次,柳州螺蛳粉又赢了!》文章点赞柳州螺蛳粉。三是各类活动助力文旅消费。开展"壮族三月三"、"螺蛳粉文化体验游攻略"征集、文博旅游艺术周、"柳州人游柳州　文旅大集市"、第十届柳州螺蛳粉美食节等主题活动，线上通过发起话题、开设专栏、发布主题线路宣传柳州由螺蛳粉游延伸出的"柳州 N 种玩法"，线下设置嗦粉挑战、涵盖演出、惠民集市、景区打折等形式多样的活动，带动消费热情。同时组织重点文旅企业、航线公司在区内外等重点客源地开展推介会、参加旅游展，加快"走出去"脚步，提高"走进来"游客。

三、具体成效

（一）柳州成为"Z 世代""反向旅游"最佳目的地之一

根据《新周刊》发布的《2022 年度生活方式报告》显示，柳州市获称"2022 年度十大出圈小城"，成为新青年年度旅行的心动目的地之一。在"反向旅游"火爆的 2022 年，"螺蛳粉"和"柳州"这两个关键词多次荣登全国热搜榜，著名工业城市柳州，因一碗小小的螺蛳粉名动全国，"圈粉"无数，成为许多网民"素未谋面的老家"。"追求个性、重视体验消费"的"Z 世代"为了"嗦粉"来到柳州，拉着行李箱，在大街小巷上的螺蛳粉店铺前排起长龙"打卡"，还在各大社交平台做攻略、

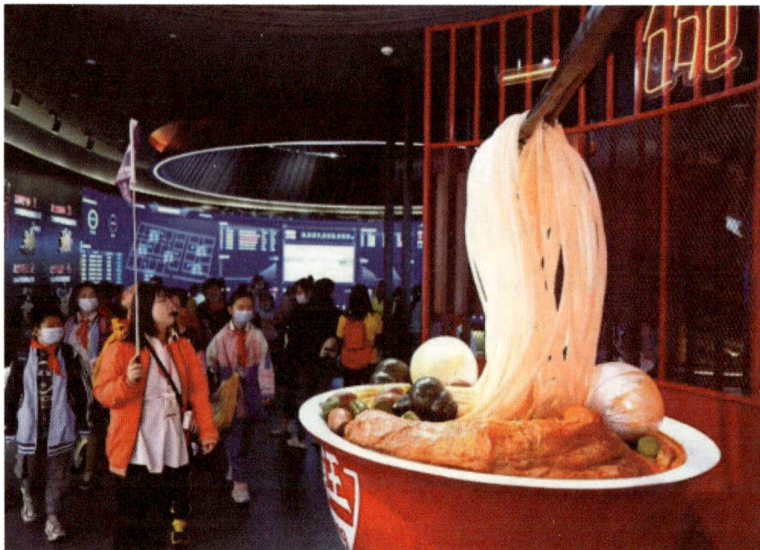

一碗螺蛳粉，带"火"一座城

发短视频，引领了一种新型旅游风潮。单是 2022 年国庆 7 天长假，就有超过 400 万人打卡柳州。

（二）"柳州不止螺蛳粉""总要来一趟柳州吧"等热门话题带火柳州

在线上开展的"柳州不止螺蛳粉——Z 世代柳州旅行打卡季"验客活动、《非遗所思》——"探秘螺蛳粉发源地 你是真粉 or 假粉"主题活动中，吸引了来自全国各地的验客达人、视频主播，沉浸式领略、宣传柳州的美景美食、人文风情，全方位地展现了柳州的无穷魅力和文化内涵，活动线上总曝光量超 1.7 亿人次。大量网友通过在抖音、微信、微博、小红书等新媒体渠道发布柳州相关图文内容，其中 B 站安森垚《一个神奇的西南工业城市》播放量突破 10 万 +，抖音《柳州真的只有螺蛳粉么》视频播放量近 200 万。

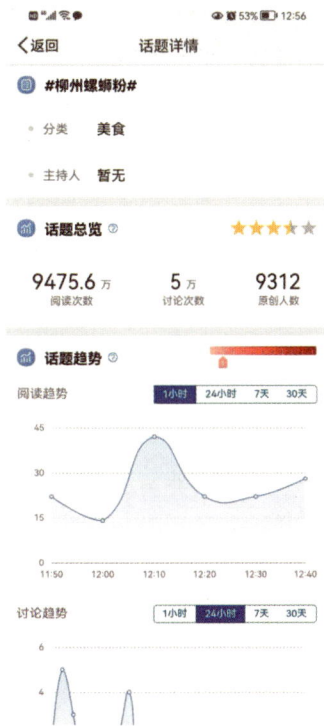

微博上"#柳州螺蛳粉"话题近 1 亿阅读

广西主流媒体及其他新媒体平台累计发布新闻报道 170 余篇，累计浏览量超 5000 万。"一粉飘香"带动"一车风行、一江旖旎、一花倾城、一城风情"城市名片传播。全年线上线下柳州文化旅游资源曝光量超 3 亿人次。

（三）"柳州螺蛳粉"助推柳州城市旅游形象国际传播

通过"螺蛳粉"讲好"柳州故事"和"中国故事"。一方面，随着柳州袋装螺蛳粉"飞"往中国各地，甚至东南亚、美国、欧洲等地，征服人们的味蕾后，螺蛳粉成为海外民众了解和感受中华美食、中国文化的美食钥匙。另一方面，柳州市政府大力支持螺蛳粉门店到国外开设门店，美国、日本、加拿大、澳大利亚等许多国家都有螺蛳粉门店，为海外民众了解和感受中华美食、中国文化打开了一扇重要窗口，向世界讲述着"有味道的"中国故事。大家已经形成对柳州螺蛳粉传播的良性循环，也形成螺蛳粉与柳州旅游捆绑的条件反射，产生很强的传播力。

专家点评

近年来，通过线上和线下相结合的宣传推广，依托食物本身的独特风味，螺蛳粉已经跻身全国知名的地方特色美食系列，在众多地方性代表小吃中，具有很高的知名度和辨识度，口味鲜明，令人印象深刻。柳州作为一座有历史文化底蕴的城市，通过"名扬天下"的螺蛳粉，明确了自身的形象，在美食带动热度的基础上，深入挖掘"螺蛳粉"文化，围绕"螺蛳粉"线索梳理资源，开发旅游产品，通过改进"螺蛳粉"加工工艺，让"螺蛳粉"走出去，扩大柳州知名度的传播范围。

总结柳州螺蛳粉文旅特色品牌宣传推广的经验：首先，地方特色食品知名度提升为目的地品牌形象塑造提供了资源基础；其次，升级特色食品的呈现形式，加强生产和推广力度，保证了品牌知名度的持续提升；再次，当地加强了特色产品相关文化内涵的挖掘，为后续旅游者到来提供符合期望的文旅产品做好准备；最后，抓住机遇，及时借力高端传统媒体进行品牌宣传推广，同时挖掘新媒体的潜力，引发讨论，激发消费需求，实现了良好的宣传推广效果。

"江西风景独好"
云端旅游系列推介会

江西省文化和旅游厅

　　为深入学习宣传贯彻党的二十大精神，扎实推进江西省委、省政府工作部署，抢抓"黄金周"旅游消费机遇，充分释放旅游发展活力，促进文旅产业复苏。2022年，江西省文化和旅游厅首创推出"江西风景独好"云端旅游系列推介会（以下简称"云端旅游推介会"），通过"主题＋主线"新思路，"媒体＋跨屏"传播新方式，"线上＋线下"文旅活动激活文旅新热潮，用创新之举唱响独好之声，持续提升江西文旅品牌影响力。

推介会现场

"江西风景独好"云端旅游系列推介会

江西省文化和旅游厅

推介会海报

一、活动简介

2022 年 9 月 28 日，首场云端旅游推介会在南昌市万寿宫历史文化街区举办，推介会联动江西各设区市，以"大美江西发现官在哪里"为线索，推介江西各处的地标夜景，做热夜间消费，点亮江西文旅夜经济，带领网友云端嗨玩江西，效果异常火爆。活动吸引了多家主流媒体和知名新媒体平台进行网络直播，线上人气爆棚，观众竞猜火热出圈。

"云端旅游推介会"先后在重要时间节点、以特色主题走进南昌、赣州、萍乡三地，吸引了中央驻赣及省级主流媒体账号、客户端等 170 多个网络平台直播、转播，活动观看量超 1.2 亿人次，以创新性、趣味性的"云推介"模式和"真金白银"的优惠措施打出"引客入赣"的"组合拳"，充分激活了江西旅游市场。

二、创新做法

（一）"主题 + 主线"，唱响独好新声量

云端旅游推介会充分响应游客和市场需求，以"夜经济""红色旅游""春光灿

推介会活动主视觉

推介会活动主视觉

烂"等社会热度关键词，创作丰富活动内容，推出"夜江西，江西 Yeah！""红色江西正青春""春光灿烂嘉游赣"等口号，为江西国庆旅游、红色旅游、春季旅游提前预热，主动引导，激发游客的出游热情，做热江西文旅市场。推介活动聚焦主题，突出主线，领导亲自"上阵"推介，文化大 V、知名主播、旅行达人等深入江西各地，以不同的线路联袂推介形成合力，提供云端沉浸、畅游江西的线上文旅体验，持续将江西厚重的人文积淀、美丽的山水景观、经典的红色之旅"搬"上"云端"，打造全网联动、全民参与的旅游热点事件。

（二）"媒体＋跨屏"，创新推介新方式

创新推介新方式，通过联合权威媒体＋跨屏传播创新尝试，利用网络平台、卫星电视等多媒体渠道，面向全网同步直播，活动形式多元集趣。现场分多幕主题表演，采用"VCR＋现场推介＋节目演出"形式，以"大美江西发现官在哪里"为现场视频线索，通过实地探访、情景体验、歌舞表演等多种形式，联动江西各设区市应季旅游景区，充分展示各地旅游资源，推荐特色旅游产品，分享旅游优惠政策，让游客随时随地在"云端"体验赣之"味"、赣之"潮"、赣之"韵"、赣之"美"。

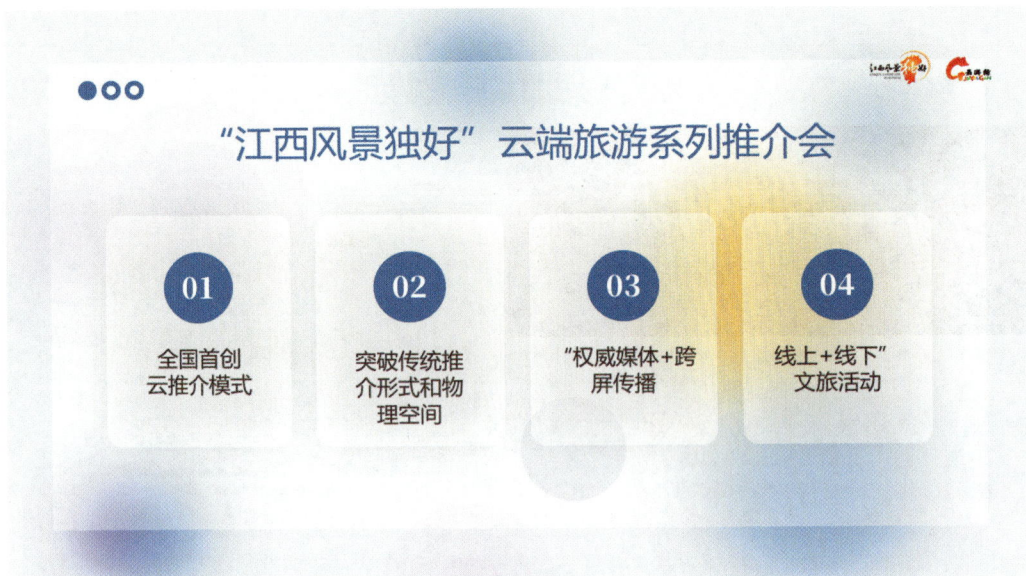

推介会活动主视觉

（三）"线上＋线下"，点燃文旅新热潮

推介会将"面对面"改为"屏对屏"，通过线上互动的形式，向广大网友展示各地旅游新产品、新业态、新玩法、新活力，以线上宣传拉动线下体验的方式，有效激发了文旅消费活力。全省各地线下推出一系列文化气息浓郁、参与性强、体验性高、趣味性浓的特色主题活动配合线上宣传。推介会将文旅惠民落到实处，省、市、县（区）三级联动推出一系列精彩纷呈的文旅活动、精品线路和"文旅优惠大礼包"，吸引更多网友"种草"江西、"打卡"江西、"点赞"江西，实现活动参与程度的"全民化"，掀起畅游江西新热潮。

三、主要成效

（一）引爆全网关注新热度

云端旅游推介会通过江西卫视进行现场直播，新华社现场云、《人民日报》客户端、央视频、央广网、中国旅游新闻客户端等中央驻赣及省级主流媒体账号或客户端，省级文旅新媒体（含厅直单位）及合作平台新媒体账号，设区市、县

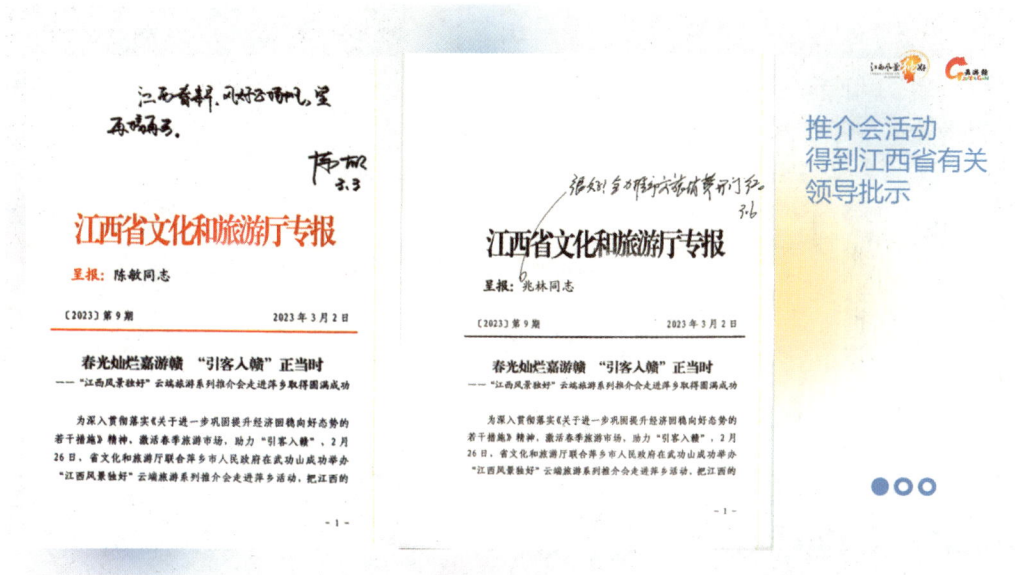

推介会活动
得到江西省有关
领导批示

领导批示

（区）文旅新媒体和重点旅游景区账号共计 170 多个平台转播现场直播情况，线上围观人气爆棚，仅首场推介会全网观看数量就超 3660 万人次，走进赣州、走进萍乡等云端旅游推介会分别为 4393 万人次、4316 万余人次，3 场活动观看量共计超 1.2 亿人次。

（二）激活文旅消费新热情

推介会现场选址热闹的夜间消费集聚街区、游客必来景区景点，搭建相关主题美陈展示、集市区，游客与观众可开启趣味互动沉浸式体验主题活动，现场观众和观看直播的网友通过竞猜表演秀中的"密码"，沉浸式体验江西的美景，赢取景区门票、住宿优惠券等丰厚奖品，所在街区、景点产生旅游消费吸虹效应。此外，运用全网"直播"，越来越多"90 后""00 后"的年轻人通过观看"云端"直播"种草"江西之旅，网友们通过推介深切感受到江西文化的吸引力和感染力，也用点赞、刷屏等多种方式表达自己的喜爱与支持，有效提升了旅游吸引力，充分释放全省文旅产业发展和旅游消费复苏新活力，为旅游创新发展作出了有益探索和实践。

活动现场

（三）赋能持续影响新高度

云端旅游推介会结束后，活动影响力仍在持续上升，全省各地各景区、公共文化机构、文旅企业配套缤纷活动"献大餐"，优惠政策"放大招"，景区门票、住宿餐饮等系列优惠促销、各类"消费券"发放切实助推旅游市场。推介会相关短视频持续在网络平台曝光，产生超量话题、评论、转载，二次传播效果热度高，原创旅游宣传歌曲《这里是江西》《dou 来嘉游赣》《登场了江西》等深受年轻人欢迎。通过"爆款"视频产品、达人分享、攻略"种草"、网络直播、IP 衍生、落地联动、热榜助推等多种方式实现以矩阵带流量，充分以流量转化带动旅游市场消费，激发流量转化动能，持续影响达到新高度。

云端旅游推介系列活动主题鲜明突出、形式多元集趣、话题持续火热，做到了宣传推广效应"品牌化"，活动流量转化为消费动能的"最大化"，为全面提振文旅消费市场，持续唱响"江西是个好地方"，做强"江西风景独好"品牌开创了崭新路径，也为全国旅游宣传推介提供了新思路、新思考。

专家点评

　　一般而言，旅游推介会是针对旅游业内同行进行的宣传推广活动，希望通过中间商的力量带动在终端市场的宣传力度。本次江西省的云端旅游推介会是直接针对终端旅游者市场的，一方面互联网和移动互联网的广泛应用为直接推介提供了技术支持，同时消费者也养成了通过社交媒体获得产品和服务信息的习惯；另一方面当时由于疫情的原因，选择云推广是最安全的推广方式，也是消费者最乐于接受的推广方式，在消除了人群聚集带来隐患的同时，增大了市场辐射面。云推广的成功需要观看人数的佐证，如何吸引观众，如何留住观众，如何打动观众，这些都是云推广需要考虑的问题。吸引观众可以通过媒体提前预热，同时加大活动的媒体覆盖面，留住观众并且打动观众需要对推介内容进行专业的设计。本次云端旅游推介会争取到了电视新闻媒体的支持，联合了多家社交媒体官方账号，选择了夜经济等时尚内容，保证了推介会的顺利进行，并取得了不错的效果。

"沿着黄河遇见海"
新媒体联合推广活动

山东省文化和旅游厅

一、案例介绍

九曲黄河奔腾万里从山东入海，孕育了灿烂辉煌的中华文明，润泽了山东大地。黄河流域生态保护和高质量发展上升为重大国家战略，为山东"走在前列、全

活动现场

活动现场

面开创"提供了历史性机遇。为深入贯彻落实习近平总书记重要讲话精神和党中央决策部署，主动担当作为，努力在"让黄河成为造福人民的幸福河"的伟大事业中贡献山东力量，山东省文化和旅游厅联合中国旅游新媒体推广联合体成员单位发起"沿着黄河遇见海"新媒体推广活动，创新性地将国家黄河战略与经略海洋战略相结合，以新角度展示黄河、海洋文化，讲好黄河故事、海洋故事。"沿着黄河遇见海"成为"好客山东 好品山东"下的又一张亮丽名片。

通过活动的开展，系统梳理山东省沿黄河、海洋文化旅游资源，创新研发推出"沿着黄河遇见海"主题高品质文旅产品，制作高清短视频、长视频、图文等优质作品，举办系列新媒体采风、线上话题营销、摄影大赛、主题直播、山东手造及文创展、照片故事征集、特惠产品在线促销等多种宣传推广活动，形成全国、全网、全社会共同关注的黄河、海洋文化旅游传播热潮。

二、具体做法

（一）举办活动启动仪式，营造浓厚氛围

6月16日，"沿着黄河遇见海"新媒体联合推广活动在聊城举办启动仪式。中国旅游新媒体推广联合体成员省（自治区、直辖市）文化和旅游行业主管部门代表，山东16地市文化和旅游局代表、国内大型在线旅游商、国内新媒体传播平台代表、媒体记者、采风团成员等150余人参加启动仪式。线下启动仪式与线上短视频、

活动现场

图文、直播共同发力，在全社会积极营造关注黄河文化、海洋文化传承保护发展的浓厚氛围，进一步讲好黄河故事、海洋故事，践行黄河流域生态保护和高质量发展战略。

（二）回忆录创意征集短视频，传递文化自信

活动征集到 100 张黄河与海老照片、100 个黄河与海的故事，制作成"沿着黄河遇见海回忆录"创意短视频，不断延伸黄河、海洋文化脉络，汇聚起全国各地对于黄河、海洋的集体记忆与情感共鸣；创新宣传推广形式，推出"惊艳度 MAX！沿着黄河遇见海"H5 专题页，整合沿黄、沿海城市文化旅游资源，上线黄河、海洋优质文旅产品推介专区、摄影作品展播专区，全面展现真实、立体、发展的现代山东面貌。

（三）开展主题直播活动，科技赋能文旅

"沿着黄河遇见海"主题直播活动于 6 月 13 日开启，在山东省沿黄、沿海 14 个地市进行了 14 场直播活动。此次主题直播活动邀请国家特级导游孙树伟、国家金牌导游张超、国家金牌导游邢琦娜参与，采用"房车 + 航拍"的形式，串联梳理山东省内沿黄、沿海高品质文化旅游产品，在不同镜头角度下对文化旅游资源进行展现。

活动现场

（四）组织线下采风活动，打造传播热点

采风活动于 8 月 17 日开启，在一个多月的时间内，由马玛丽 MARYMA、摄影天下看世界、北寒旅行等百万级粉丝网络达人、摄影大咖以及媒体记者等组成的采风团相继走进济南、德州等沿黄城市和青岛、日照等沿海城市。网络大 V 们打卡网红景点，即时宣传推介山东的沿黄和沿海文化旅游资源，持续打造传播热点。

（五）策划推出系列产品，提振市场信心

活动创新推出省内 10 条黄河、海洋精品旅游线路，打造"活力出行记""潮玩夜游录""古都新节拍""山海行摄集"四大主题，涵盖自驾、骑行、露营、夜游、生态等多种业态，上线黄河、海洋文化旅游产品专区，充分展示山东省黄河、海洋文化旅游线路详情。此外，充分利用暑期时间，抓住文化旅游复苏发展的窗口期，结合"好客山东游品荟"暑期文化旅游品牌活动，借助携程、同程、美团等国内大型在线旅行商，集中汇集、展示、推广山东高品质文化旅游产品，推出秒杀、特价、红包等优惠措施活动，扎实抓好惠民促销工作，进一步提振文旅市场复苏信心。

（六）线上摄影大赛、展览，呈现视觉盛宴

举办"沿着黄河遇见海"线上摄影大赛，搭建线上 PC 端、手机端和新媒体端

同步展览平台，分不同板块展示黄河和海洋资源内容的高质量摄影作品。通过邀请专业飞手、摄影家、旅游达人、网红以及全国摄影爱好者等，全民参与将山东沿黄沿海 14 地市文化资源和旅游资源通过图片的形式进行整合，从不同视角彰显黄河海洋的动人画卷，进一步提升文旅资源影响力与知名度。

三、亮点工作与创新创意

（一）通过线上与线下结合，讲好黄河故事、海洋故事

活动通过线上新媒体触达与线下实地探访相结合的形式，对山东的传统文化、非遗、自然风光等资源进行系统梳理与集中推介，深挖黄河文化、海洋文化的时代价值，讲好黄河故事、海洋故事山东篇。线下开展了新媒体采风、山东手造及文创特色展、黄河与海洋主题摄影图片展等活动，多角度、多形式展现"好客山东"魅力。线上制作推出了优质视频、短视频、图文等作品，开展了话题营销、主题直播、照片故事征集、特惠产品在线促销等活动，其中，征集了 100 张"黄河与海"相关老照片、100 个相关故事，打造"沿着黄河遇见海回忆录"，汇聚起全社会对于黄河、海洋的集体记忆与情感共鸣；"沿着黄河遇见海"主题直播走进 14 地市，进行了 14 场直播，创新采用"房车＋航拍"形式，带领网友们感受黄河自西向东奔入大海的过程。

（二）注重多平台联动宣传，擦亮品牌形象

"沿着黄河遇见海"新媒体联合推广活动充分借力"好客山东"新媒体矩阵，在微信、微博、抖音、快手、今日头条、视频号、百家号等平台进行联动宣传，通过短视频、虚拟主播、图文、H5 专题页等形式多方位、立体化宣传推广，同时联合中国旅游新媒体推广联合体、全省各级文化和旅游管理机构、全网自媒体网络达人等共同发力。多平台协同发力，以更适合社交媒体时代的节奏，注重需求侧改革，以"好客山东"品牌为统领，进行体验式传播和场景营销，进一步提升"好客山东"品牌影响力和美誉度。

（三）加强高质量产品研发，丰富产品供给

活动聚焦新产品、新业态、新模式，结合旅游市场品质化、个性化、多元化需求，研发推出"沿着黄河遇见海"主题高质量文旅产品。将沿黄、沿海城市的新业态、新资源进行有效串联，专题策划山东省内 10 条黄河、海洋精品旅游线路，以"活力出行记""潮玩夜游录""古都新节拍""山海行摄集"为主题，涵盖自驾、骑行、露营、夜游等多种业态，以适应文化旅游消费偏好的新变化，更好满足人民群众高品质、多样化的消费新需求，提高旅游产品供给对文化旅游需求的适配性。

四、案例成效

（一）形成宣传热潮，树立文旅新形象

"沿着黄河遇见海"新媒体推广活动得到新浪、腾讯、澎湃、网易、百度以及新华网、人民网、央广网、山东卫视、《中国旅游报》等多家网络平台、主流媒体与栏目以及大量自媒体、网络达人的重点关注和报道，迅速登上新浪同城热搜，央视一套《晚间新闻》以"品味自然景观 传承中华文化"为题，用近一分钟时间报道山东。活动全网播放量突破 3 亿人次，不仅有效增进山东沿黄、沿海城市的知名度与美誉度，也展现出山东文化旅游全新形象。在党的二十大新闻中心举行的第三场集体采访活动中，山东代表团新闻发言人，山东省委常委、宣传部部长白玉刚表示，建设沉浸式沿黄文化体验旅游廊道，让"沿着黄河遇见海"成为"好客山东好品山东"亮丽名片。"沿着黄河遇见海"迅速出圈，这一富有想象力的场景表述，引起了公众的广泛关注。

（二）激发市场活力，释放消费潜力

"沿着黄河遇见海"主题高质量文旅产品一经推出，迅速受到市场青睐。在携程、同程、美团等国内各大 OTA 平台开通黄河、海洋文化旅游产品专区，进行集中展示、推广，推出秒杀、特价、红包等优惠措施。据统计，上线的 20 余万件沿黄、沿海文

旅产品直接销售额达 239 亿元，有效激发市场活力，带动了省内文旅消费提升，大力提振了市场信心，进一步助力市场复苏回暖，实现社会效益、经济效益双丰收。

（三）践行文化自信，助力文旅融合发展

活动征集到 100 张黄河与海老照片、100 个黄河与海的故事，不断延伸黄河、海洋文化脉络，汇聚起全国各地对于黄河、海洋的集体记忆与情感共鸣。通过举办山东手造及文创展、"黄河、海洋主题摄影图片展"、主流媒体采风及新媒体网络达人采风等，对全省传统文化、非遗、特色美食、人文景观、自然风光等资源进行系统梳理与集中推介，进一步加深市民与游客对我省优秀传统文化的认识，同时也呈现出山东文化多样性，彰显文化自信。

专家点评

第一，通过联合推广活动，有效梳理了山东黄河沿线以及入海有关文化和旅游资源，为深度挖掘和创新利用资源、打造产品奠定了良好基础；尤其是通过知名导游"房车＋航拍"方式直播展现资源和线下采风传播的方式，既呈现体验的新方式，又保障了体验的深度。

第二，在具体推广活动中，注重多平台联合宣传，通过短视频、图文、采访、直播、大赛、展览等形成了多方式联动，线上线下相结合，宣传推广和主题线路相结合，有效触达各目标受众，网络曝光量达 3 亿人次，形成了宣传热潮，上线的 20 余万件沿黄、沿海文旅产品直接销售额达 239 亿元，有效激发了消费活力。

第三，所有线上的流量都需要通过线下的产品来实现转化，所有的营销推广都需要有充足的创新产品来做后盾和保障，甚至可以说，优质的产品是最好的营销。"沿着黄河遇见海"的营销案例充分注意到了两者的有效融合。

"72 小时古徽州奇遇记"
主题营销活动

安徽省文化和旅游厅

古徽州文化旅游区位于徽文化发祥地安徽省黄山市，由歙县徽州古城、棠樾牌坊群·鲍家花园和徽州区唐模、潜口民宅、呈坎五大景区组成，面积9.5平方公里，2014年11月获评国家5A级旅游景区。古徽州文化旅游区拥有两千年的历史积淀，汇聚了古城、古村落、官署、民居、牌坊、徽派园林和风水文化等古徽州最具代表

活动现场

非遗夜市

性的元素，将中华三大地域文化之一的徽文化鲜活地呈现于世。

2022 年，古徽州文化旅游区管理委员会依托丰富的文旅资源，统筹区域联动、主体互动，举办以秋景、丰收为主题的秋季嘉年华和以民俗、年节为主题的"猫冬"古徽州主题营销活动，打造"72 小时古徽州奇遇记"品牌。

一、活动背景

全面落实中央、省、市关于文旅融合、度假休闲、乡村旅游的决策部署，充分打造古徽州文化旅游区独特 IP，全面展示古徽州文化旅游区整体形象，把文化事业保护和传承、旅游产业开发和发展有机融合，以文塑旅，以旅彰文，

活动现场

让徽文化旅游在新时代焕发夺目光彩，为古徽州文化旅游区的文旅市场注入新活力。

二、活动模式

活动以古徽州文化旅游区文旅资源为基础，围绕秋冬季产品特色、市场需求和消费热度等要素，以打造"没有围墙的古徽州"为核心目标，以"72 小时"为产品亮点，利用"线上 + 线下"融合模式，通过"内容挖掘—创意解读—深入体验—宣传推广"路径，从再译到提炼，展现"72 小时古徽州奇遇记"的具象内容，全方位、立体化呈现古徽州·新玩法。

秋季：围绕古徽州文化旅游区内晒秋、丰收等自然民俗资源，线上线下相结合，通过一场落地活动、一次立体式推广，在 72 小时内，到古徽州文化旅游区，调动视觉、听觉、嗅觉、触觉、味觉五感，生成一场"奇遇"，打造周末"72 小时"旅游目的地。

冬季：围绕古徽州文化旅游区内人文、民俗等历史文化资源，提取古徽州生活美学底色，结合五大景区特色，围绕"吃茶趣、笔墨舞、园中艺、民俗韵、美宿憩"五大主题，用 72 小时"猫冬"古徽州，呈现悠闲自在的古徽州冬日生活场景。

三、具体做法

围绕古徽州文化旅游区内的五个景点、多种业态，以季节为营销脉络，通过线上＋线下的联动宣传，为游客构建对"古徽州"的全方位感知，打造五个景区特色鲜明又自成一体的"没有围墙的古徽州"，体现独具特色的旅游形象。

活动现场

（一）奇遇玩法，创意联动

1. 秋季

（1）创意"1+N"，线下全方位体验。一场落地仪式开启古徽州秋季嘉年华序幕，全方位推介古徽州晒秋、民俗的文化底蕴与特色玩法，搭配六大盛宴，展现多元魅力。棠樾牌坊群·鲍家花园"农趣宴"，丰味徽州，晒秋人家；徽州古城"非遗宴"，非遗技艺在这里奇妙绽放；潜口民宅"探秘宴"，巽峰塔文物首次 3D 扫描特展；呈坎"丰收宴"、"春祈秋报"农耕盛宴；唐模"国乐宴"，徽州国乐秋日首唱会；蜀源"休闲宴"，蜀源向日葵花田跑、汽车露营、星空音乐会、后备厢集市。奇遇古徽州的美景、美食和人文，沉浸式感受千年古徽州的创新与活力。

（2）达人采风，线上集体"种草"。邀请"专家 + 玩家"开启一场采风行动，线上"种草"、线下导流，搭建营销推广全矩阵，开设 #72 小时古徽州奇遇记 # 话题，带领全民一起走进古徽州。

夜景

采风踩线

2. 冬季

（1）一组创意视频。聚焦古徽州生活美学的各个"代表地点"，用五个视频串联当地特色场所及生活方式。吃茶趣：展示古徽州茶文化体验场景；笔墨舞：体验徽墨制作技艺（制墨描金）；园中艺：学习徽派园林建筑艺术及盆景制作技艺；民俗韵：感受古徽州民俗文化魅力；美宿憩：聚焦古徽州民宿业态。

（2）一组产品推广。聚焦古徽州冬日生活的各个"代表地点"，以历史人文为抓手，推出古徽州生活美学大赏系列产品，并以"1+N"产品派送计划互动引流，吸引消费者关注，助力古徽州实现营销闭环，进而提升品牌知名度和影响力。

（二）奇遇产品，创新输出

依据古徽州产品特点及目标客源市场、用户消费习惯，依托古徽州文化旅游区的休闲度假业态、文旅融合产品、乡村旅游资源，以四季营销为目标，打造主题营销产品。

秋季嘉年华期间，结合当地自然风光、晒秋民俗等特色文旅业态，策划推出三条自驾线路（亲子游学之旅、网红打卡之旅和休闲自驾之旅），打造适合各类游客的 72 小时奇遇产品。"猫冬"古徽州期间，围绕五大主题，融合古徽州当地特色产品，包括古徽州茶礼、糕饼、景区门票、民宿酒店等，设置产品优惠抢购活动，吸引消费者购买，进而进一步了解古徽州。

采风踩线

四、主要成效

（一）创新 IP 营销新模式撬动流量

持续高频次高质量品牌输出，多角度全方位展现古徽州文旅形象。来自国内的 30 位知名旅游博主和专家体验团深度畅游古徽州，并从专业爱好者角度在《汽车自驾游》杂志专题进行精准推送。通过秋、冬两季的持续营销，古徽州文化旅游区在 2023 年春节期间迎来爆发式增长，共计接待游客超 11.59 万人次，较上年同比增长 556%。其中，仅春节假期第 4 天，接待游客超 2.46 万人次，较上年同比增长 1734.5%；门票收入超 106.15 万元，同比增长 1014.75%。

（二）打造古徽州新玩法引爆热度

"72 小时古徽州奇遇记"分别从秋季和冬季不同角度诠释古徽州文化旅游区内五大景区的核心内涵，从秋收到冬藏，从晒秋到猫冬，从自然到人文，从民俗到历史，从度假休闲到乡村旅游，以具象的产品内容展现资源特色，侧面见证古徽州文化旅游区五大核心景区的产品实力和内容活力。百余位旅游达人自发在微信、微博、小红书、今日头条、抖音等媒体平台，从多角度切入，将古徽州文化旅游区内的人文、自然等资源以视频和文字等形式进行宣传互动，全网累计发布优质内容超

218 篇，系列视频短片超 102 条，全方位解读古徽州生活方式，吸引眼球的同时展现古徽州的文化魅力。

（三）联合多渠道宣传掀起高潮

活动举办信息被文化和旅游部官网转发宣传，央广网、新华网、《光明日报》《农民日报》等 146 家媒体，围绕古徽州文化旅游区五大核心景区产品、线路等发布 400 余篇稿件，全网累计话题曝光量超 4559 万人次，微信端"古徽州文化旅游区"关键词搜索整体日环比上升 3899%。多渠道、多维度、深层次整合传播，持续影响范围广。

专家点评

第一，突出了老景区、新玩法、鲜活力。我国很多知名传统景区都面临着一个同样的问题，那就是如何通过发现新玩法的方式重新焕发传统目的地的新活力。古徽州文化旅游区资源丰富，历史积淀深厚，具有很强的吸引力，但同样有一个从资源依赖到玩法升级的转变问题。案例中全方位立体式地展现了古徽州的新玩法，集中展示了古徽州的 IP，渠道多元，产品丰富，创意突出，体验深入。

第二，突出了场景化、创意性、品牌化。主要围绕秋季和冬季这两个季节性消费场景，以 72 小时时间线为消费场景安排，着力推出以秋景、丰收为主题的秋季嘉年华和以民俗、年节为主题的"猫冬"，主题、时间、空间很好地进行了整合，有助于激发消费欲望、增加停留时间、优化旅游体验。

第三，玩法就是内容，玩家就是生产力。通过百位旅游达人的多媒体传播，全方位呈现了古徽州的生活方式，以小众带大众、以玩家带大家，以创新玩法、沉浸业态激发了古徽州的新活力，培育了"72 小时古徽州奇遇记"的新消费。

2022 环中国自驾游集结赛万里茶道暨九省区文化旅游推介会

中国文物学会

一、实施背景

兴盛于 17 世纪至 20 世纪初的万里茶道，是继丝绸之路之后兴起的以茶叶为大宗货物的又一条国际贸易路线，它从我国南方重要茶产区福建武夷山的下梅村开始，一路向北，途经国内福建、安徽、江西、湖南、湖北、河南、山西、河北、内蒙古 9 省（区），通过蒙古国的乌兰巴托，最终抵达俄罗斯的圣彼得堡，干线全长达 14000 公里。万里茶道沟通欧亚大陆的农业文明和游牧文明的核心地带，贯穿南北、纵横东西、绵延万里，这条茶叶之路深刻影响了沿途各地的商业和文化、工业和建筑、生活方式以及民族宗教，遗留下大量类型多样、价值重大的遗迹、遗物，是中西方文化往来、文明交流互鉴的一条重要的文化线路，具有世界文化遗产的突出普遍价值。

2019 年 3 月，国家文物局正式将万里茶道列入《中国世界文化遗产预备名单》，万里茶道申遗工作取得了阶段性成果。在新时代文旅融合的大背景下，申遗工作进入了关键的冲刺阶段。为扩大万里茶道申遗的影响，宣传推介九省（区）文旅资源和遗产点，营造全民助力申遗的良好社会氛围，2022 年 8 月由湖北省文化和旅游厅发起组织，万里茶道沿线九省（区）文化和旅游厅、文物局共同主办，中国文物交流中心、中国文物学会文物旅游专业委员会等单位的支持和指导下，开展了 2022 环中国自驾游集结赛万里茶道暨九省区文旅推介会。

启动仪式现场

二、活动主题

感知历史·会游中国，全民助力万里茶道申遗

三、推广方式

（1）联合万里茶道沿线九省（区）文旅部门举办"茶道之约·城市之间——万里茶道申遗城市巡回推介会"，构筑万里茶道沿线城市文旅推介平台；

（2）通过自驾游与汽车拉力赛的完美结合，串联万里茶道沿线 9 省，打造万里茶道沿线文化旅游精品线路；

（3）万里茶道申遗城市联盟中的部分城市对参与本次万里茶道活动的 9 省 14 市特别推出"万里茶道再出发"优惠活动，增强旅游吸引力；

（4）通过线上线下联动，扩大万里茶道沿线城市旅游的传播声量，提升品牌影响力。

四、具体做法

（一）以集结赛＋文旅推介会的创新形式，助推沿线城市文旅经济高质量发展

活动以万里茶道的历史文化为背景，以万里茶道文化线路为"线"，以环中国自驾游集结赛的形式，串联起万里茶道沿线九省（区）的文化遗产点（世界文化遗产地、国保单位、万里茶道申遗点）、旅游景区、山水生态、美丽乡村等"点"，创新动能，打造万里茶道沿线文化旅游精品线路品牌。

活动期间，九省（区）文旅部门举办"茶道之约·城市之间——万里茶道申遗城市巡回推介会"共 11 场次，大力宣传万里茶道历史文化，积极推介各地特色旅游产品，使此次活动成为强力高效的文旅推介平台。

（二）推动"三茶融合"，打牢乡村振兴的产业基础

活动参与群众从武夷山出发，一路走进武夷山燕子窠茶产业基地、修水宁红茶漫江茶园等茶园，考察祁门茶业改良场旧址、宜昌红茶厂旧址等地，一起观看非遗制茶技艺、品鉴宜昌长盛川青砖茶，亲自体验采茶、揉茶等制茶环节，通过一系列的实地探索，让大家对中国茶文化有了深刻感悟。同时在各个活动现场，沿线各地也携当地特色产品、茶叶品牌等进行实物展示与贩售，促进沿线各地擦亮本地茶叶品牌，推动"三茶融合"，以文兴旅、以旅助产，带动当地的茶农增收致富，更好地造福于民，打牢乡村振兴的产业基础。

（三）树立感知历史·会游中国标志，发布文旅惠民政策，吸引游客打卡

选取万里茶道沿线重要的遗产点、景区景点，对应设立"感知历史·会游中国——万里茶道打卡地"醒目标志牌 11 处，将万里茶道进行整体包装推介，以吸引更多游客沿着标识去探索万里茶道的历史遗迹与文化渊源。

考察遗产点

万里茶道申遗城市——祁门，对参与本次万里茶道活动的 9 省（区）14 市特别推出"万里茶道再出发"优惠活动，所有 14 个地级市的居民将享受到祁门县内所有 A 级景区半价优惠的旅游福利。在营造良好的营商和消费环境下，使广大文旅企业和市民享受到实实在在的优惠，有力拉动了文旅消费，刺激了消费信心，提振了文旅市场，激发了文旅经济活力。

（四）全民参与，提高群众文化遗产保护意识

在沿线落地城市举办万里茶道申遗图片巡展、万里茶道文旅沙龙、研讨会等活动，介绍万里茶道历史和申报世界文化遗产相关知识，让沿线更多群众了解万里茶道的历史意义和当代价值，达到提升全民参与文化遗产保护的意识。本次活动共征集沿线城市 3000 多人踊跃签名，通过签名活动提升了万里茶道联合申遗的群众参与度和影响力。做好文物保护工作，才能更好地以茶带旅推动文物旅游的新模式，文物"活了"，旅游才能"火"。

树立打卡标志

（五）全媒体矩阵多元传播，聚合流量促发展

本次活动坚持党的二十大"以文塑旅、以旅彰文，推进文化和旅游深度融合发展"的精神，契合群众对文旅市场的需求，是以社会大众喜闻乐见的方式推进万里茶道申遗工作，最终活动得到了社会各界的广泛关注。中央电视台、环球网、人民网、《湖北日报》、腾讯网、新浪网、抖音、微博等全媒体矩阵多元传播。通过各旅游大 V 面向全国旅游爱好者精准推广。以"全民参与助力申遗"的概念营销使每一位参与者都变成宣传者，达到裂变式传播。

五、主要成效

本次活动通过探索和开展"让陈列在广阔大地上的遗产活起来"文化线路文物旅游的创新尝试，践行了"一带一路"倡议和新时代文物工作方针，加大了万里茶道申遗宣传力度，促进了沿线文旅经济高质量发展，加强了万里茶道沿线 9 省（区）和申遗城市联盟间的交流合作和文化旅游推介；是在新形势下、特别是疫后促进国

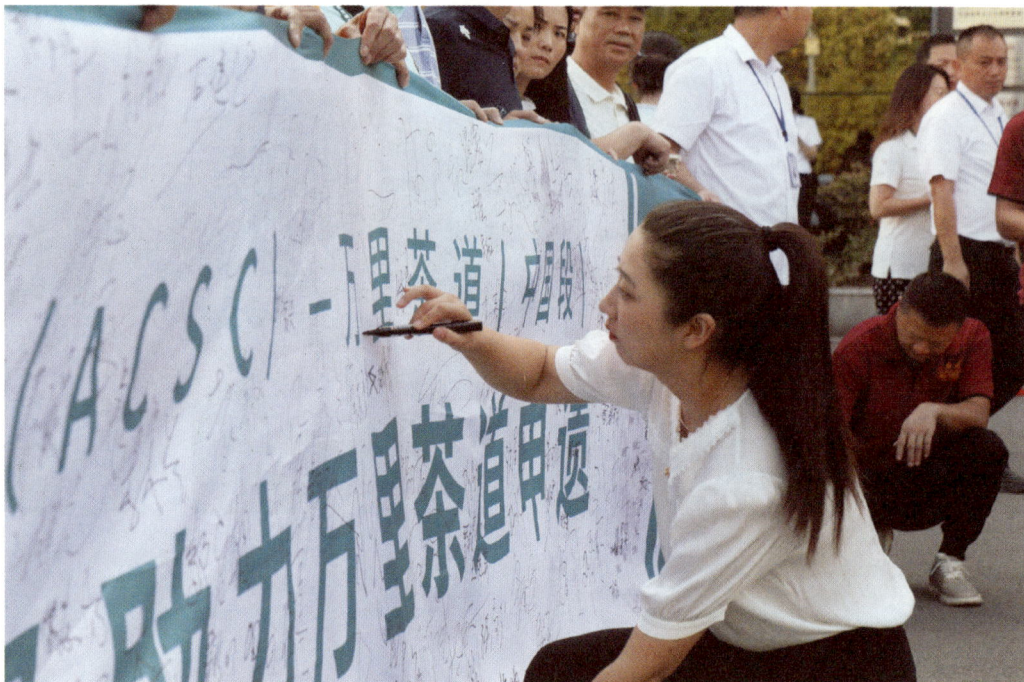

签名仪式

内国际双循环，助力沿线城市文旅经济高质量发展的有力举措。活动的成功举办营造了全民助力申遗的浓厚社会氛围，进一步显现了联合申遗的成果，取得良好的社会反响和综合效益，万里茶道的品牌价值和影响力日益彰显，体现了向世界展示中华文明历史文化价值、中华民族精神追求和当代中国崭新面貌的时代责任和使命担当。

最终本次活动共计报道 11396 条，15 家电视台参与报道，电视报道覆盖全国，其中央视播出 4 期；新华网、环球网、人民网、央视网等各新闻网站报道 2137 条；《人民日报》客户端、新华社客户端、央视新闻客户端、中国新闻网客户端等报道 5289 条；抖音 #环中国自驾游集结赛共吸引 656.9 万次播放；微博 #环中国自驾游集结赛——万里茶道 #话题共吸引 2.1 亿次阅读；《人民日报》文艺、湖北文旅之声、内蒙古自治区文化和旅游厅等微信公众号发布报道 2942 条；《湖北日报》《湖南日报》《河南日报》等报刊 202 条；安徽省文化和旅游厅、黄山市人民政府、内蒙古自治区文化和旅游厅等政务报道 18 条；论坛 60 条。初步统计整个活动影响覆盖近 5 亿人次的大声量传播，极大地提高了万里茶道申遗的社会影响。

专家点评

　　万里茶道是继丝绸之路衰落之后在欧亚大陆兴起的又一条重要的国际商道，总长 14000 公里，沟通了亚洲大陆南北方向农耕文明与草原游牧文明的核心区域，并延伸至中亚和东欧等地区，成为名副其实的"万里茶路"。由湖北省文化和旅游厅发起组织，万里茶道沿线九省（区）文化和旅游厅、文物局共同主办的 2022 环中国自驾游集结赛万里茶道暨九省区文旅推介会，以自驾游和汽车拉力赛结合的方式，串联万里茶道沿线的文旅资源，既宣传推广了相关省市的景区景点、美丽乡村，又让人品味了历史遗迹与文化渊源，打响了文化旅游融合品牌，增强了全民文化遗产保护和传承的意识。

"水韵江苏·有你会更美"
文旅消费推广季全媒体宣传营销活动

江苏省文化和旅游厅

一、导语

为深入贯彻"疫情要防住、经济要稳住、发展要安全"重大要求，认真落实"苏政40条""苏政办22条"和"江苏文旅16条"等系列政策举措，主动顺应常态化疫情防控下文旅消费新趋势，促进文旅业态产品升级，拉动文旅消费，扩大"水韵江苏"品牌影响力，2022年，江苏省文化和旅游厅联合省发展和改革委员会、省

"水韵江苏　这里夜最美"璀璨夏夜活动启动仪式

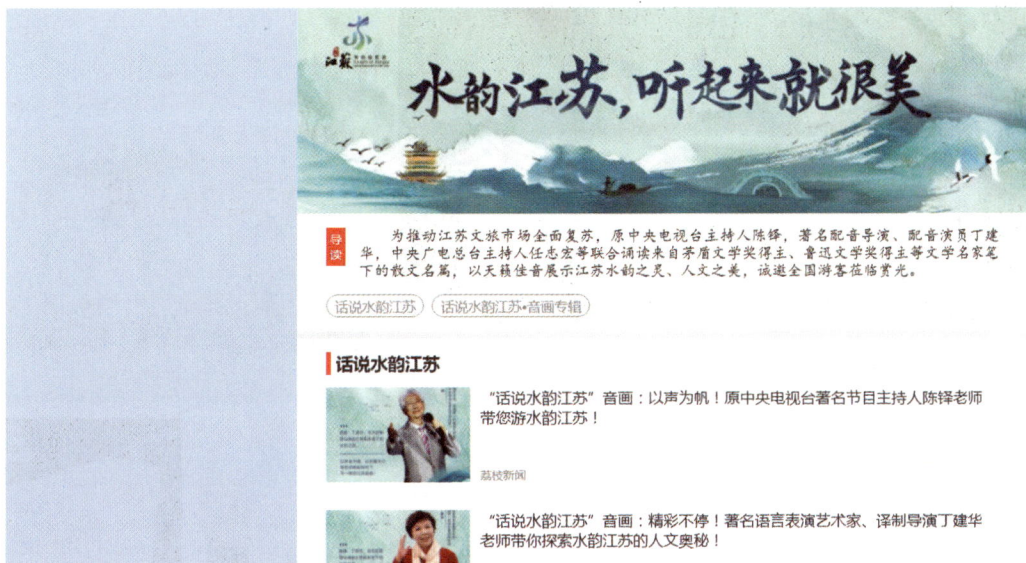

"话说水韵江苏"主题活动

商务厅等相关部门，有效整合媒体资源，采取线上线下融合、省市联动方式，创新开展了"水韵江苏·有你会更美"文旅消费推广季营销系列活动，有效加快了全省文旅市场的复苏。

二、具体做法

消费推广季是江苏省文旅融合之后旅游推广方式的创新之举，通过资源整合集成，动员并吸引更多文旅企事业单位、电商平台、新媒体平台积极参与，借助图文、短视频、直播等媒体包装宣传，形成"1+1＞2"推广效应，有效推动旅游推广工作从引导消费进一步向刺激消费、创造消费方向转型升级。

（一）注重品牌赋能，打造现象级营销活动

一是开展"水韵江苏·十三侠客新星计划"活动。面向大学生群体，定向选拔培养"江苏十三侠客"新星团，覆盖华东地区超200个高校社群，带动周边高校大学生超5万人次参与活动。侠客巡游期内，通过不间断的图文长游记、旅拍视频、小红书攻略、抖音直播等内容产出，吸引整体曝光量超过1.7亿人次。二是举办

十三侠客新星计划

"话说水韵江苏"主题活动。邀请陈铎、任志宏、丁建华等老一辈电视艺术家、著名配音演员、央视"名嘴"和省广电著名主持人，用独特的语音魅力，领衔诵读以"水韵江苏"为主题的散文名篇，让听众身临其境感受水上做文章的"江苏韵味"，产生旅游的冲动。节目在"学习强国"、水韵江苏全媒体平台、荔枝新闻全媒体平台全面传播推广，在"喜马拉雅"等声音平台正式上线，在江苏凤凰音像出版社出版作品专辑。活动曝光量达到 4500 万人次。三是开展"水韵江苏·跟着主播去旅行"主题活动。围绕"水韵江苏"品牌，召集江苏广播百名主播，针对自驾旅行、美丽乡村和休闲度假，分别创意制作《房车电台》《在田野读书》《围炉音乐

跟着主播去旅行活动现场

会》等多档融媒体节目。结合节目 IP，还打造了金湖觅夏之旅、云逛运博会、房车电台南通站等线下活动，带领全网受众一起感受江苏美的风光、美的人文、美的味道、美的生活，收获美的发现。活动期间，江苏广播手机端收听人次超 1.8 亿，大蓝鲸 App 收看人次超 66 万。四是开展"水韵江苏·江苏星球号"文旅消费聚合平台营销活动。通过携手行业头部 OTA 平台，升级更新"江苏星球号"，开设十三个设区市聚合联动专区，精选不同城市季节性产品，甄选出休闲度假、生态康养、泉暖身心、舌尖寻味等主题榜单，形成各具特色的营销专区。并联合知名酒店、特色民宿、当地景区、旅行社，举办"水韵江苏直播月"活动，发放文

江苏星球号直播

旅消费券、水韵江苏游玩秘籍等福利，94 场直播总曝光量超 1 亿人次、直播销售额达 1285 万。

（二）注重品质提升，推出特色化旅游产品

一是组织"水韵江苏·乡村四时好风光"乡村旅游精品线路推广活动。邀请来自新华社、《中国旅游报》《新华日报》、"学习强国"江苏学习平台等近 20 家中央及省级主流媒体，对全省 13 条乡村旅游精品线路进行采风，通过深度评论、专题聚焦来解析江苏文旅行业在国家乡村振兴战略中的重要作用，促进江苏省乡村旅游产品品质提升，全网点击量 2767 万。二是开展"水韵江苏·网红打卡地"评选推广活动。围绕休闲度假、科技赋能、乡村旅游等文旅新概念，组织开展"水韵江苏·网红打卡地"评选活动，评出美丽乡村、度假空间、非遗体验、文创产品、旅游演艺五大类共 50 个"网红打卡地"，触达人群超千万。设计制作的交互产品 H5"云游网红打卡地"，共吸引 2232 万用户在线体验"打卡"，上传目的地同框合影，在微

网红打卡地评选

信朋友圈得到广泛传播。三是举办"水韵江苏·这里夜最美"璀璨夏夜主题活动。联动全省各地国家级、省级夜间文化和旅游消费集聚区，以文旅与科技融合、传统与时尚融合、线上与线下融合方式，推出系列惠企惠民举措，呈现系列夜秀、夜演、夜娱、夜游、夜食、夜购、夜宿等业态产品，营造浓厚夜间文旅消费氛围。 四是举办"水韵江苏·博物知旅"主题活动。通过"博物馆的力量"短视频展播、话题讨论，遴选公布博物馆教育课程和研学线路，整体曝光量突破4000万，投票浏览量超过43万。值得一提的是，百名"博物知旅达人"中近八成为"学生族"，在青少年受众中产生广泛影响。

（三）注重多元体验，助文旅消费提质升级

一是发售"水韵江苏"数字旅游卡。依托社保卡身份识别功能，推出"水韵江苏"数字年卡，覆盖全省百余家景区，真正实现"一卡在手·全省畅游"。为增强数字旅游卡体验多样性，江苏省积极探索技术能力和运营模式对外输出，以"水韵

博物知旅活动

江苏"数字旅游卡模式为基础，对接安徽宣城等长三角地区及西藏拉萨、新疆克州等江苏省对口支援地区，结合当地文旅资源和特点合作推出立足当地、联动江苏的数字旅游卡产品。二是联动"苏心游"平台推出 NFT 门票。首批南京牛首山文化旅游区、南京夫子庙、苏州太湖湖滨国家湿地公园景区三家景区 1500 张数字门票，通过设置 1+2+3 "进阶式"趣味玩法，分别对应个人、情侣、朋友、家庭的不同出行需求，上线即被"秒光"。三是举办"水韵江苏·银联助企惠民"主题活动。指导

数字门票

省内国家文旅消费示范试点城市与江苏银联合作举办文旅消费促进活动，推进文旅消费支付便利化，并建设第二批省级文旅消费便捷支付示范区30个。

三、主要成效

通过线上线下多项活动的举办和宣传推广，累计曝光人次超8.87亿，有效激发了江苏文旅市场消费潜力。2022年，江苏接待国内游客5.33亿人次，实现国内旅游收入9201.43亿元，恢复程度分别高于全国18.8个和30.6个百分点。另据银联数据显示，江苏文旅消费总额为3830.79亿元，占全国10.3%，占比全国第一。

一是进一步扩大了"水韵江苏"文旅品牌影响力。2022文旅消费推广季共推出14个主题、500余项活动，从"名嘴"到"草根"，从青春洋溢的大学生，到消费潜力巨大的"银发族"，人人争当水韵江苏"推荐官"，通过针对不同细分市场的精准推介和营销，不断拓宽新的流量入口，收获新的市场红利。央视《朝闻天下》对文旅消费推广季启动仪式内容进行了关注报道。

二是进一步催生了"水韵江苏"文旅产品迭代升级。文旅消费推广季通过文旅资源、信息、技术、创意、产品的自由流动，碰撞孕育更多兼具文化和旅游特色的新产品、新服务和新业态，催生裂变更多有内涵、有特色、有品位的文旅融合高质量产品。从璀璨闪耀的"这里夜最美"，到深度研学的"博物知旅"，不断提质扩容的文旅消费新场景、新业态、新模式，让文旅消费模式走向全量化、全维度、全天候。

三是进一步激发了"水韵江苏"文旅消费市场活力。文旅消费推广季通过深入挖掘消费新需求，在供需两端同时发力，开启从供给驱动向需求驱动的转型道路，让旅行社、景区、酒店等各类市场主体"千帆竞发"，让各种消费新模式、新场景、新业态"千峰竞秀"，稳步提升文旅市场人气和消费。

专家点评

　　"水韵江苏·有你会更美"文旅消费推广季活动是江苏省文化和旅游厅在疫情防控常态化下，为了适应文旅消费新趋势，促进文旅产品业态升级和拉动文旅消费，扩大品牌影响力，联合相关部门，整合媒体资源，创新开展的一次文旅营销活动。该活动是在疫情期间，从引导消费到刺激消费、创造消费的转型升级，是贯彻落实党中央、国务院关于把恢复和扩大消费摆在优先位置的具体落实体现，激发了游客消费热情，丰富了消费活动内容，同时还实现了消费惠民。

"冬季游河北　福地过大年"系列宣传推广活动

河北省文化和旅游厅

　　为吸引更多游客来河北观光旅游、休闲过年，进一步丰富河北冬季旅游产品供给，塑造河北亮点纷呈的冬季旅游新形象，河北省文化和旅游厅抓住文化和旅游发展迎来复苏振兴的新机遇、新希望，秉承着合作共赢、创新开放的理念，响应文化和旅游部"打卡旅游休闲　打开欢乐春节"2022年新春旅游宣传推广活动的号召，全方位深耕、整合冰雪旅游资源，让河北成为京津游客休闲度假的首选地。

承德避暑山庄冬景

63

一、案例简介

（一）实施背景

近年来，河北省文化和旅游厅着力推动全省文旅产业复苏，全省文旅系统集中力量，紧紧围绕服务全省人民和吸引京津及各地游客，出台系列政策，大力丰富人民群众节日文化生活和旅游生活，推动文化和旅游恢复振兴，开创文旅发展的新局面。河北风光秀美，文化璀璨，旅游资源丰富。乘着北京冬奥会精彩成功举办的东风，河北冰雪旅游产品和服务全面提升，品牌知名度、美誉度达到了全新高度。北京冬奥会雪上项目主赛场崇礼，建有十多家高水平滑雪场，以及多个配套齐全的冰雪小镇，已经成为冬季旅游的热门打卡地。同时，河北各地高品质温泉星罗棋布，各具特色。正定、广府、蔚县等地古城古韵和民俗庙会的热闹喜庆相得益彰，成为人们旅游过大年的首选。

（二）推广方式

整合多平台宣传提升品牌形象。聚合河北省文化和旅游厅融媒体矩阵资源，协调

活动海报

各合作媒体，充分发挥各自优势，推广"冬季游河北　福地过大年"主题宣传活动。

打造系列活动向主要客源精准营销。在北京、天津等重点客源市场，开展主题宣传推广活动，创新开展跨界营销宣传，面向旅行社、游客等进行宣传推介。

推出优惠产品赋能品牌。与多家优质景区和酒店、民宿等文旅企业联合推出优惠活动，让游客玩得舒心、玩得实惠。

二、具体做法

（一）精准营销推广，助推春节文旅市场"火起来"

为振兴旅游市场，加快引客入冀，全省文旅系统组织开展形式多样、针对性强的营销推广活动，积极拓展文旅消费场景，促进河北省文旅消费快速复苏。2022 年 1 月 16 日，省文化和旅游厅在北京举办"这么近、那么美，周末到河北"2022 冬季游河北　福地过大年宣传推广活动，推出了冬季到河北来滑雪、享康养、品美食、游古城、赏民俗五大主题冬游产品和精品线路，通过主题推介、歌曲征集、联合倡议等方式，向京津等地游客发出邀约。全省共 150 余家 A 级旅游景区推出门票免费或半价活动，80 余家星级饭店推出春节期间房价减半优惠活动，举办了各类文化旅游节庆活动 600 余项，给冬游河北的游客提供了丰富的选择，全省多个景区春节期间接待人次超历史同期，热门景区内酒店甚至达到"一房难求"。

（二）文化宣传展示活动丰富多彩

自 1 月 14 日起，举办"文化进万家　非遗过大年"活动，连续开展非遗年货市集、非遗戏剧展演、年味非遗特色体验、河北特色非遗项目展播等；推出"非遗有年味 云上过大年"直播等线上活动，1480 余场形式多样的非遗宣传展示活动营造出"红红火火过大年"的热烈氛围。各地博物馆、图书馆、美术馆、展览馆举办"品味书香过大年"系列宣传活动 1000 余场，公共文化场馆成了市民春节休闲打卡热门目的地。

（三）主流媒体发声，宣传多维立体亮点纷呈

春节期间，省文化和旅游厅积极协调各大央级媒体、省级主流媒体，加大宣传力度，为海内外游客呈现更多具有河北特色的文化旅游内容，河北文旅品牌宣传实现立体覆盖，多维创新。

一是央媒宣传力度不断加大。积极对接各大央级媒体，围绕河北省非遗年俗、冬季冰雪、古城古镇、特色美食、博物馆里贺新春等内容，《人民日报》、新华社、中央广播电视总台、中新社等 10 多家央级媒体共刊发图文、组图、视频稿件 170 余条，仅在央视《新闻联播》《朝闻天下》《晚间新闻》等栏目，就播出"红红火火庆新春　幸福美满中国年""春节假期　品味书香　文化过大年""河北丰富多彩文旅活动喜庆元宵佳节"等河北文旅视频稿件 50 多次，更好地展示了河北文旅行业新气象新作为。

二是省级主流媒体宣传声势浩大。联合《河北日报》推出《民俗日历看河北》《地名里的河北》等作品，一经发布，迅速引发广泛好评，总阅读量均突破百万。

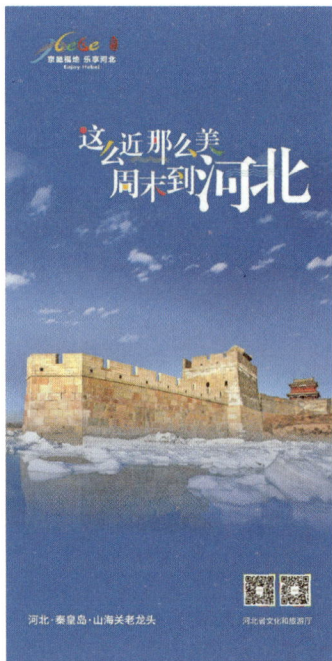

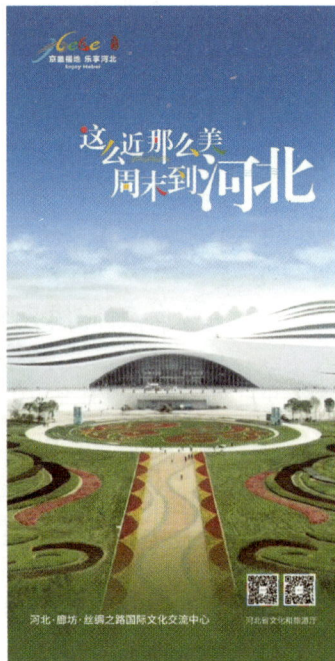

宣传海报

推出以"回乡过年——这里有我最美丽的乡愁"等多组联名海报，把具有燕赵特色的河北年俗文化向更广阔的受众群体传播。

联合河北广播电视台公共频道在《乐享河北》开设"冬季游河北　福地过大年""欢欢喜喜闹元宵"专栏，连续推出 7 期春节特别节目"冬季游河北　福地过大年——向春天进发"，在《美丽河北》慢直播节目中展示全省冬季旅游风光，截至目前总浏览量达 800 余万。联合长城新媒体重磅推出河北省第三届网络春晚，宣传"这么近、那么美，周末到河北"品牌，实现内容、技术、受众、渠道四个维度的创新，冀云平台点击量超过 100 余万人次，预热及节目拆条共发稿 60 余篇，被学习强国总台专题集纳 18 篇。

三是新媒体宣传影响力不断扩大。厅属微博、微信等七大新媒体平台，共刊发图文、视频稿件 900 余篇。开设了《河北省"文化进万家 非遗过大年"》等专栏专题 6 个，创建"年味河北·文旅惠民"等话题 11 个，总曝光量达 5 亿余人次。其中，微博话题 #冬游河北# 曝光量达 7000 余万人次，抖音、百度、今日头条创建的"冬季游河北　福地过大年"话题阅读量超过 8000 万次，一系列新媒体产品刷屏不断，引爆网络。

（四）打造主题系列产品 多种形式展现河北魅力

推出五大主题冬游产品和精品线路。河北冰雪旅游资源丰富，区位优势独特。气壮山河的冰雪风光、喜庆热闹的冰雪民俗、精彩纷呈的冰雪活动、独具魅力的冰雪体验……河北省文化和旅游厅全方位深耕、整合冰雪旅游资源，策划推出了"冬奥雪国，激情之巅""海滨温泉，山海盛宴""坝上风情，山庄冬韵""冬日康养，冰瀑秘境""锦绣长城，北国风光""行摄太行，戏雪狂欢"等十条冰雪旅游精品线路，并推出了冬游河北产品包，诚邀广大游客冬季到河北来滑雪。

（五）跨界联合营销社会影响力凸显

春运期间，联合河北航空为旅客送上"这么近、那么美，周末到河北"主题明信片、寄语卡，精选石家庄正定、北京大兴两条热门航线，开展"皓月当空　阖家

"这么近 那么美 周末到河北"主题
歌曲全国征集推广活动公告

河北省文化和旅游厅
2023-1-17 10:54 · 来自河北 · 河北省文化…

关注

#这么近 那么美 周末到河北#

宣传海报

欢乐"等多班次河北文旅机上特色宣传活动,让旅客在云端欣赏河北大美风光;与
北京云臻金陵莲花酒店合作,在酒店大堂设置河北文旅宣传展区、张挂河北特色宫
灯等宣传品,在客房电视播放河北文旅宣传视频、放置河北冬季旅游杂志等,借助
不同行业重点企业的平台、渠道优势,提升文旅营销宣传的影响力。

河北航空"快乐邀约 冬游河北"快闪表演

（六）生活场景营销实现全方位覆盖

把握春节假期重要时间节点，在京津等重点客源市场的火车站、地铁、商圈、社区、电梯等各类场景集中进行宣传营销；创新采用手机视频彩铃形式开展河北文旅宣传推广，让更多人成为河北文旅形象宣传使者，将河北文旅形象宣传覆盖到人们日常工作和生活，全方位打造游客身边的河北文旅。

三、主要成效

河北冬季旅游资源丰富，冰雪、温泉、民俗各具特色。此次"冬季游河北 福地过大年"主题宣传活动，发布全省冬季旅游主题活动、特色产品线路、惠民便民措施，进一步激发了广大民众到河北旅游的热情，繁荣了冬季旅游市场，使"打卡旅游休闲 打开欢乐春节"成为节日新风。活动吸引了更多北京游客来游玩，京冀两地自古以来地缘相接、人缘相亲、地域一体、文化一脉，两地文旅部门推动了资源互享、客源互送、市场互利，共同谱写京冀文旅协同发展新篇章。在文化旅游市场"春风回暖,万物复苏"的大好时节,形式多样、内容丰富、线上线下相结合的文化和旅游活动,成功引导广大游客参与冬季旅游休闲,擦亮冬游河北这张夺目的冰雪名片,丰富了游客春节期间的文化和旅游生活。

专家点评

  从整体上看,"冬季游河北　福地过大年"系列宣传推广活动十分出色,几乎涵盖了营销推广的各个方面,让活动的宣传范围更广、更具针对性和吸引力。首先是宣传内容具有代表性,如央视报道的"河北丰富多彩文旅活动喜庆元宵佳节""红红火火庆新春 幸福美满中国年",可以很好地反映河北文旅产业的特色,在塑造河北的文旅名片的同时,更容易吸引受众的注意和兴趣。其次,创新性地开展跨界营销宣传、面向旅行社、游客等进行宣传推介,可以更加精准地吸引目标客户,提高活动的转化率和效果,运用新老媒体相结合的方式,通过传统媒体的宣传力度,结合新媒体的传播效果,两者相互补充,形成强有力的推广宣传联盟,新老结合的方式拓宽了所覆盖的观众群体的年龄段和类别。总体而言,整个营销活动以春节和元宵佳节为契机,寻找文化符号和年俗元素,体现地域特色,更容易触动受众的情感和乡愁,使受众产生共鸣。

"沿着长江读懂中国——湖北千里长江行"媒体宣传推广

湖北省文化和旅游厅

为深入贯彻习近平总书记关于文化自信以及推动长江经济带发展工作的重要讲话精神，坚定文化自信，让更多人读懂中国百万年的人类史、一万年的文化史、五千年的文明史，营造传承中华文明的浓厚社会氛围，推动新时代文化繁荣发展；动员、吸引社会各方面广泛参与和支持长江国家文化公园建设，保护好、传承好、弘扬好长江文化，以实际行动迎接党的二十大胜利召开，2022年7月中旬至8月底，湖北省文化和旅游厅开展了"沿着长江读懂中国——湖北千里长江行"媒体宣传推广活动。

启动仪式现场

一、活动概况

湖北省委、省政府积极抢抓中央把湖北确定为长江国家文化公园重点建设区的难得历史机遇，高标准高质量推动长江国家文化公园湖北段建设，争创长江国家文化公园示范区。湖北省以"沿着长江读懂中国——湖北千里长江行"为载体，率先组织开展了覆盖全省的长江文化主题探访和新闻宣传活动。

活动历时 40 天，覆盖湖北省 17 市州 40 县（区），共计探访了 70 多个自然和人文点位，总行程超过 5400 多公里，全过程、全媒体、全平台传播，挖掘湖北境内千里长江文化，形成有效声势，为吸引社会各方面广泛参与和支持长江国家文化公园湖北段建设营造良好舆论氛围。

二、具体做法

（一）全过程全媒体全平台融合传播

30 多天的探访活动，线上+线下结合，贴近大众网络使用习惯及网络传播特性，开设网络专题"触摸千年文脉！沿着长江读懂中国——湖北千里长江行"，汇集活动相关报道、权威信息，精心构建大众参与、文图动态、专家观点、网络评论、行走组图、视频直播、中央媒体等 17 个板块。充分运用图文报道、组图报道、深度报道、网络直播、短视频、网络话题、网络专题、海报、网友说、评论等多种报道形式，通过报纸、网站、微信、微博、视频号、抖音号等全媒体平台，进行立体式持续传播，形成了强大的报道声势。

（二）"政府＋专家＋媒体＋大众"模式创新

长江国家文化公园建设需要政府推动，但也不能唱独角戏，应吸引大众广泛参与。"外行看热闹，内行看门道"，长江文化还需要专家解读，并通过媒体放大传播效应。"沿着长江读懂中国——湖北千里长江行"创造了"政府＋专家＋媒体＋大众"模式，形成联动效应，产生了良好效果。

襄阳都市圈研讨会现场

（三）大众参与，互动性强

探访活动面向民众招募探访团成员，吸引了大学生、家长和中小学生等报名参加，组成"专家＋媒体＋大众"的探访团队，进行沉浸式长江文化体验。通过长江网"长江头条"及新浪微博，发起网络话题＃来打卡！沿着长江读懂中国——湖北千里长江行＃，广大网友用图片、视频、文字等方式自主分享传播，网络点击量总计有 3900 余万次，掀起了大众参与热潮。

（四）专家解读，提高站位

启动当天，重点谋划推送了"中华文明探源工程"首席专家、《长江国家文化公园建设保护规划》课题负责人、著名历史学家等长江文化知名学者的专访报道，权威专家指出了长江文化体系中湖北的独特地位和作用，点评了举办这次活动的意义和价值。

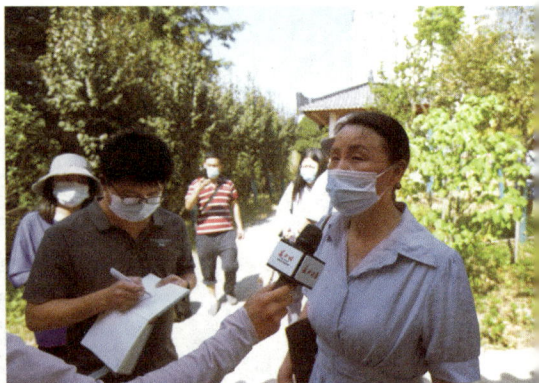

活动现场

（五）价值新发现，文化新阐释

探访活动没有停留于各个探访点位已有的研究报告和过往新闻报道，而是以建设长江国家文化公园的视角，通过专家、记者、大中小学生、市民群众之口，进行价值的新发现和文化的新阐释，努力让文物活起来，让历史说话。

三、主要成效

（一）受到中宣部充分肯定

"沿着长江读懂中国——湖北千里长江行"让探访团成员和数以百万计的网友

活动重要点位探访采风

群众读懂中国、读懂中国人民、读懂中国共产党、读懂中华民族，向世界呈现了绚烂多彩的中华文明。中宣部给予充分肯定。

（二）全网阅读量超 3 亿次，形成"现象级"融合传播

中央媒体、长江流域主流媒体、国内省市媒体、湖北省内地市州主流媒体及海外媒体纷纷报道。截至 9 月 21 日 20 时，互联网上共计监测到 6127 篇（条）有关此次活动的新闻报道，全网阅读量超 3 亿次，形成了"现象级"融合传播，引发社会广泛关注。

专题页面图片

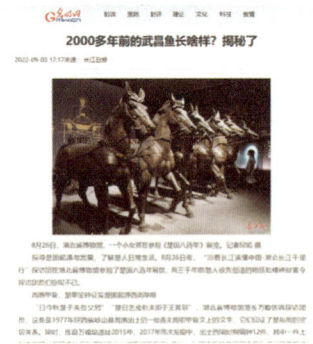

中央媒体、重要报道、专版图片

（三）青少年成主体，体现文化传承

文化生生不息的关键在于传承，有赖于青少年群体的参与，一代代注入新鲜的活力与热情。"沿着长江读懂中国——湖北千里长江行"活动吸引了众多"90后""00后"，还有"10后"小学生的积极参与，在青少年群体中形成了关注中华优秀传统文化的热潮。

（四）海外传播，彰显中华文化风范

结集"沿着长江读懂中国——湖北千里长江行"探访活动精华，发行覆盖外国驻武汉机构、外资企业、外国驻武汉总领事馆、五星级饭店、机场等，纸质版寄送至北京68家使领馆，电子版每期发给118个武汉国际友好交流城市。中国文化风范还彰显至海外，引发海内外中华儿女热议，甚至从海外写来评论文章，展示了文化强国的底蕴与魅力。

专家点评

从整体上看，本次推广活动内容丰富，涵盖不同文化点位，弘扬长江文化，同时多媒体全过程宣传，形成上亿次曝光，社会影响明显。采用多元模式，吸引政府、专家、媒体和民众参与。并且本次活动丰富了长江文化内涵，发现新价值，阐释新文化含义，使文物点活。加之活动吸引了青少年参与，构建了文化传承链条。其中一大亮点是向海外宣传，展现中国文化之巅，对于我国的文化形象是一次积极的正面输出。总体而言，此次推广活动着眼于弘扬长江文化，重在文化传播与公共参与，成功形成话题热点，对提升"长江国家文化公园"品牌有积极意义。其核心价值在于提升了文化公共性与社会认同，传播效果良好。后续可深化与旅游业融合，开发特色文旅产品，并提高民众参与度，助推文旅融合升级，对全国其他沿河沿海地区的文旅融合具有重要的启示与借鉴意义。

优秀案例
YOUXIU ANLI

北京环球度假区"环球中国年"主题宣传推介

北京市文化和旅游局

一、案例简介

（一）案例背景

自 2021 年 9 月 20 日正式开园以来，北京环球度假区充分发挥环球影城主题公园国际化娱乐制作资源和主题公园运营经验优势，坚持守正创新，持续深化文旅融合实践探索，先后推出一系列季节性主题活动并开展主题宣传推介。

2022 年春节是北京环球度假区正式开园以来的首个春节假期。北京环球度假区以新时期游客旅游度假需求和行为洞察为指引，创新打造"环球中国年"主题活动，将传统新春年俗与环球影城主题公园国际化创意制作资源深度融合，并以此为基础开展全方位传播推介。

（二）传播策略

"环球中国年"主题宣传推介采取"线上线下贯通、全媒体矩阵式覆盖、多维度社交化触达"的整合传播策略，宣传推介工作覆盖主题活动全周期，整合主流媒体、行业媒体、社交媒体矩阵式传播资源，联动电影明星、环球粉丝、网络达人等多维视角和声音，生动呈现"环球中国年"的"台前"精彩和"幕后"巧思。不仅为广大游客奉上阖家共享、喜庆祥和的"吃喝玩购拍"全方位沉浸式春节畅玩体验，更以主题公园独特方式唤起公众尤其是年轻群体对中国传统文化和新春年俗的参与、体悟、认同和热爱，受到主流媒体广泛报道和行业积极关注，在旅游业关键时期提振了行业信心，体现了北京环球度假区作为重大文旅产业项目的示范引领作用。

二、创新亮点

（一）"环球中国年"主题活动开启前夕，举办专场媒体预览活动

2022年1月22日，邀请36位媒体记者及自媒体创作者参与北京环球度假区"环球中国年"体验报道活动。"闯关式""任务化"的新颖活动设置和体验引发媒体在社交网络分享活动体验，众多媒体发布"欢聚玩出趣，环球中国年"为话题的社交网络分享。本次媒体活动共产生58篇原创报道及1210篇媒体转载。

参与活动的记者反馈，"这次活动中的任务设置还蛮有意思的，也适合推荐给游客游览采用，号召大家一起来寻找北京环球度假区里的隐藏惊喜"，"以游戏形式探索很有意思，这样大家更愿意参与其中，活动的参与感较强"。

（二）整个春节期间，主流媒体持续关注，产出众多高质量报道

围绕"环球中国年"主题活动策划企业传播相关话题，通过员工采访、媒体专

2022年北京环球度假区"环球中国年"体验报道活动

媒体报道亮点 Media Coverage Highlight

组图：北京环球度假区 欢度中国年
Photos: Universal Beijing Resort Celebrate Chinese New Year

悍娇虎中国风造型喜迎虎年，功夫熊猫变财神派送鸿福
Tigress' New Dress for Welcoming the New Year Kungfu Panda cosplay God of Fortune to Distribute New Year Wishes

北京环球度假区迎来首个"环球中国年"
Universal Beijing Resort Commence the First Chinese New Year

新春将至，北京环球度假区年味浓
Spring Festival is coming, Universal Beijing Resort is Full of Atmosphere of Chinese New Year

过年倒计时，北京环球度假区新年礼盒来啦
Lunar New Year Countdown, Gift from Universal Beijing Resort is Waiting for Unlock

新春将至，北京环球度假区年味浓
Spring Festival is coming, Universal Beijing Resort is Full of Atmosphere of Chinese New Year

当那些熟悉的电影人物与"中国年"相遇，会是什么样的场景？
What Would It Happen when Our familiar Characters Encounter With Chinese New Year?

主流媒体持续关注，产出众多高质量报道

主流媒体持续关注，产出众多高质量报道

题等方式，产出不同角度文章，扩大传播声量。

相关新闻传播持续至元宵节，产生 172 篇媒体报道，为整个环球中国年主题宣传打造完美收官。

三、工作效果

（一）"环球中国年"主题宣传推介取得显著的宣传效果

截至 2022 年 2 月 16 日，共计产出媒体报道 3164 篇。相关话题两次登上微博热

元宵节媒体特别报道亮点 Media Coverage Highlight – Lantern Festival in KFP

Coverage Summary

- **18** organic media coverages
- **172** reprinting coverage
- **4** social post on different platform generated with 8,895 + social buzz

北京日报

虎年元宵节，北京环球影城"解锁"花灯会！
Unlock Special Lantern Festival at Universal Studios Beijing for Year of Tiger

北京商报

虎年元宵节 北京环球度假区可以赏花灯
Go to Universal Beijing Resort for Lantern Festival

北京日报

元宵节环球影城能赏花灯
Enjoy Special Lantern Festival at Universal Studios Beijing

北京城市副中心报

元宵节环球影城里赏花灯
Celebrate Lantern Festival at Universal Studios Beijing

元宵节环球影城里赏花灯
Celebrate Lantern Festival at Universal Studios Beijing

元宵节环球影城里赏花灯
Celebrate Lantern Festival at Universal Studios Beijing

BTV 北京

北京环球度假区：中国元素营造浓浓节日氛围
Universal Beijing Resort: Chinese elements create a strong festive atmosphere

[特别关注-北京]北京环球度假区：中国 简介 ∨
元素营造浓浓节日氛围

中国日报中文网

元宵佳节新去处，北京环球影城年味、功夫熊猫景区赏"花灯"
A new destination for the Lantern Festival, celebrate New Year at Universal Studios, enjoy the " lanterns " at Kung Fu Panda land of awesomeness

元宵节媒体特别报道亮点

搜榜，阅读数共计 1.5 亿次，其中 #环球影城的第一个春节# 登上微博热搜总榜第 9。陈小春一家环球新春游 Vlog 收获 5158.6 万阅读量及 1.5 万讨论。

（二）"环球中国年"主题宣传推介产生了积极的经济、社会和文化效益

"环球中国年"主题宣传推介唤起年轻群体对中国传统文化和新春年俗的认同和热爱。网友们纷纷表示："小时候的年味儿又回来了！""在环球中国年，全家三代人都可以各得其乐，收获美好的新春团聚回忆。"

专家点评

通过将中国传统年文化融入主题宣传推介中，开展一系列的"闯关式""任务化"年味活动，获得传统媒体与新媒体广泛关注，既让国内外游客感受到中华传统文化的新奇魅力，又让游客在好看好玩的热闹年味中不知不觉熏陶和传承了中华传统文化，是将传统文化与旅游产品完美融合，实现景区文化传播和凸显文化自信的典范。

天津旅游宣传周·"趣享津彩生活"营销推广

天津市文化和旅游局

一、活动概述

　　为贯彻落实《天津市"十四五"时期推进旅游业高质量发展行动方案》，天津市挖掘整合文化和旅游资源，打造国内外有影响力的旅游品牌，吸引北京地区的游客入津游玩，在北京开展文旅主题营销活动。进而吸引更多北京地区消费人群进入天津旅游消费，促进天津文旅消费升级和增长。

"趣享津彩生活"宣传海报

天津市文化和旅游局与美团联手共同打造的"趣享津彩生活"天津旅游宣传周系列活动，结合美团全品类业态优势，通过"线上＋线下"进行呈现，线下联合茶百道茶饮品，共同打造"来天津看看'杯'"活动，配合线上自媒体渠道的使用，通过美团线上营销、美团线上宣传、跨界合作来提升"趣享津彩生活"天津旅游宣传周传播影响力。截至 2022 年 12 月 31 日，整体传播超 6795 万人次。

二、活动亮点

（一）"一"个平台

利用美团本地生活全业态优势，针对北京区域进行"线上＋线下"的形式呈现，扩大活动的传播范围，提升用户体验，增强用户感知与用户黏性。

美团通过整合站内外宣传资源，覆盖更广泛的客群，对本次"趣享津彩生活"天津旅游宣传周活动进行强势宣传，涵盖多个美团平台黄金资源位展示，包括美团酒店顶通轮播、美团外卖红包页轮播、美团门票侧北京及天津地区弹窗，周边游频道轮播 Banner、弹窗资源位，小程序周边游中通轮播、景区门票中通轮播等资源位，美团周边游微信公众号等。

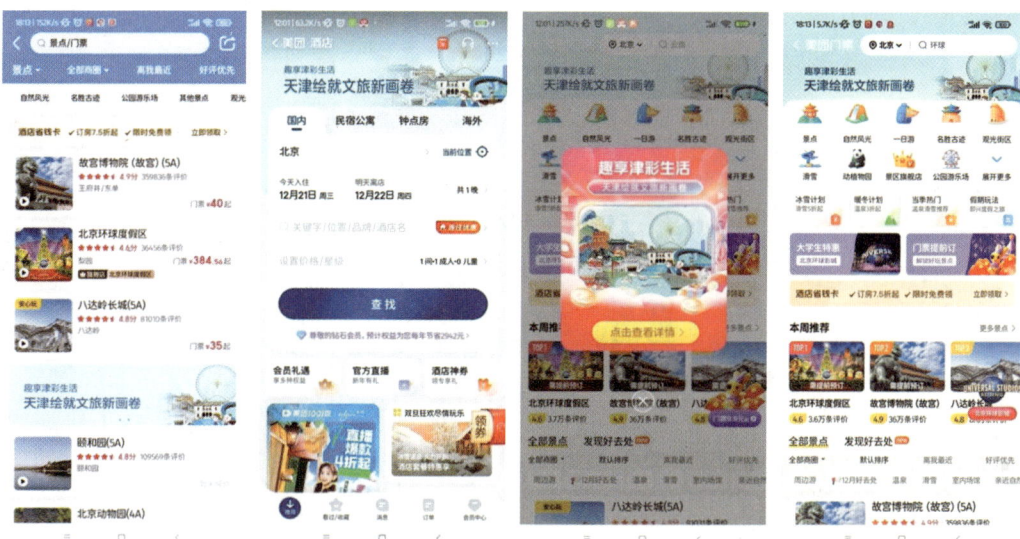

部分美团资源位展示

（二）"一"场异业联动

在客源地城市联合 TOP 茶饮品牌——茶百道，打造跨界联合活动，定制 6 款天津文旅资源杯套，联合天津市五大景区、美团及茶百道提供多样的奖品。

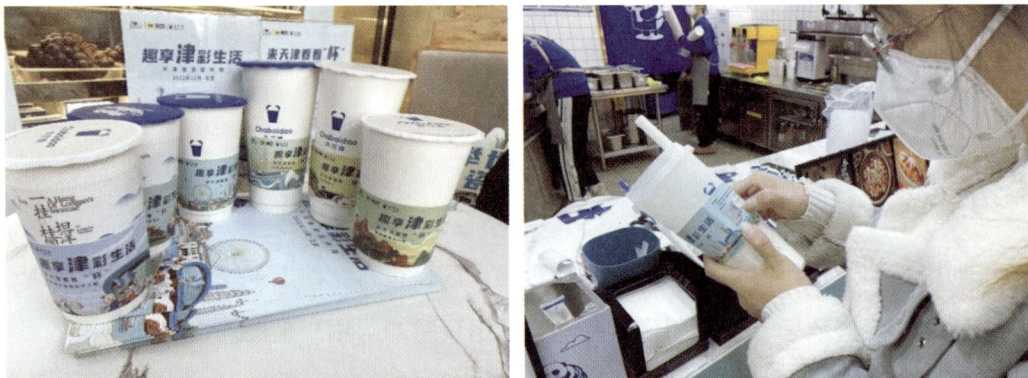

杯套活动及消费者互动展示

部分门店布置及物料展示

本次活动利用美团强大的商务资源整合能力，联合北京用户最喜欢 TOP 茶饮品牌，共同打造"来天津看看'杯'"跨界事件营销活动，特别针对北京市有较强的消费能力、喜爱旅行的年轻用户群体，实现精准营销。

活动期间由美团协助打造的 1 家茶百道联名快闪店和 147 家茶百道协同店铺打造事件营销，对于北京地区游客有较强的针对性，北京地区游客反响较好，新颖的活动形式精准覆盖了大量消费能力强、喜欢旅行的年轻人，为线下强势引流。线上部分，148 家茶百道门店均积极曝光活动信息，为活动做出了极为有力的推广宣传，对目标用户实现精准营销。促进大量北京用户参与本次活动，带动了茶百道店铺的销量，实现了天津文化和旅游局与茶百道的双赢。

（三）"一"次事件营销

结合跨界活动，联动北京本地优质达人，发布活动"种草"笔记，一方面提升活动的声量，另一方面更直观地"种草"本地消费者，吸引更多消费者参与活动，了解天津。

活动邀请了 25 位大众点评高质量博主输出客观、真实、优质的内容，通过"种草"切入市场，提高了目标用户的活动参与度。在大众点评"趣享津彩生活"话题页，话题页评论区互动积极，有效增强了消费者对天津市文化和旅游资源的认知度和认同度，活动内容营销关注度在持续性增长，有着较强的长尾效果。

大众点评话题页

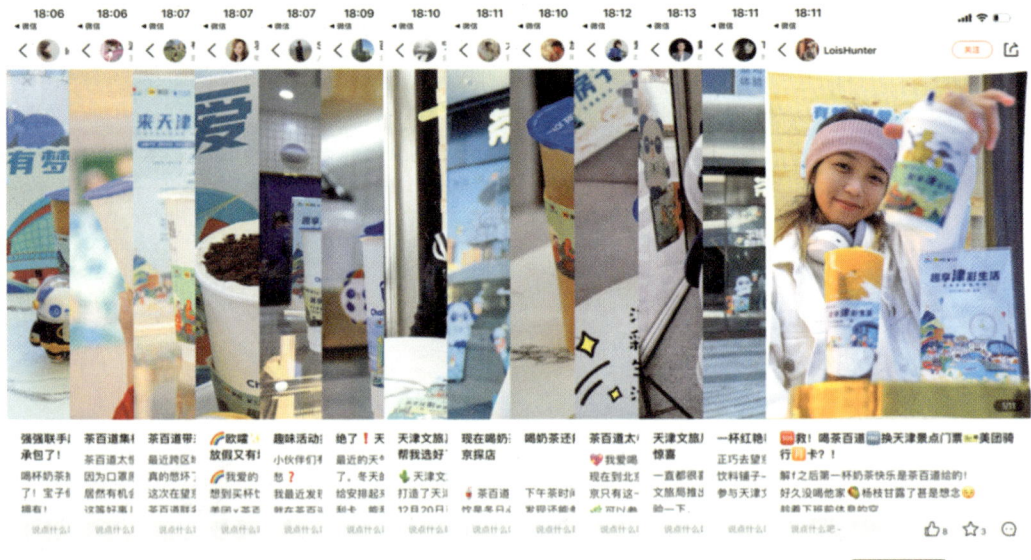

优质达人发布展示

三、活动总结

本次"趣享津彩生活"天津旅游宣传周活动，结合美团全品类业态优势，通过"线上＋线下"进行呈现，截至 2022 年 12 月 31 日，整体传播超 6795 万人次。

活动期间由美团协助打造的 1 家茶百道联名快闪店和 147 家茶百道协同店铺打造事件营销，吸引大量北京市民参与活动，"刮卡赢好礼""集杯套　赢好礼"两大创意活动，新颖的活动形式精准覆盖了大量消费能力强的、喜欢旅行的年轻人，为线下强势引流。线上部分，148 家茶百道门店均积极曝光活动信息，为活动做出了极为有力的推广宣传，对目标用户实现精准营销。

活动还邀请了 25 位大众点评高质量博主优质的内容，截至 1 月 6 日累计浏览量增加至 1218 万次，话题页评论区互动积极，有效增强了消费者对天津市文化和旅游资源的认知度和认同度，活动内容营销关注度在持续性增长，有着较强的长尾效果。

美团通过整合站内外宣传资源，覆盖更广泛的客群，对本次"趣享津彩生活"天津旅游宣传周活动进行强势宣传，涵盖多个美团平台黄金资源位展示，包括美团酒店顶通轮播、美团外卖红包页轮播、美团门票侧北京及天津地区弹窗，周边游频道轮播 Banner、弹窗资源位，小程序周边游中通轮播、景区门票中通轮播等资源位，美团周边游微信公众号等，活动站内总计传播量超 5581 万次。

专家点评

　　"趣享津彩生活"营销推广通过牵手美团大平台，整合奶茶快消品品牌，别出心裁地推出"来天津看看'杯'"的茶饮创意活动，以一杯简单的奶茶，带动目的地和客源地两城年轻人的消费热情，进而带动游客流动，实现更多文旅消费，整合跨界营销的效果既新奇，又有效，同时便于产业链上下游企业资源共享，共同助力文旅营销，创新了旅游目的地"一些皆可营销，一切皆可整合"的文旅营销新思路。

"山西好风光"
新媒体营销推广

山西省文化和旅游厅

一、导语

为深入落实习近平总书记视察山西重要指示精神，着力打造独具魅力的中华文化旅游体验区和建设国际知名文化旅游目的地，推动山西文旅事业高质量发展。2022年山西省文化和旅游厅聚合今日头条、抖音、图虫等优质平台资源，推出"山西好风光"新媒体营销项目，创新宣传推广方式，以人文、康养、自驾等品牌塑造为手段，分区域、分领域开展专业化、差异化、特色化宣传推广，解锁山西更多文旅产业美好面，为山西文旅行业打开了广阔的想象空间，唱响新时代"山西好风光"。

二、项目亮点

（一）全方位、多维度、深层次，构建山西文旅新媒体宣传矩阵

2022年，山西文旅聚合发力，有效利用抖音、今日头条、图虫端等新媒体平台，坚持"内容＋技术＋运营"的思路，结合新媒体传播受众、内容、渠道特征，将短视频、直播、图文、图集等形式作为山西文旅形象传播的发力点，构建山西文旅立体化、多元化的新媒体宣传格局，实现了"1+1+1 ≥ 3"的效果。

（二）创新内容、创新传播、创新手段，擦亮山西文旅新名片

围绕"山西好风光"宣传主题，通过 IP 打造、话题营造、摄影大赛、文旅微综艺、线上线下联合宣传等创新形式，对"华夏古文明　山西好风光"进行了立体化、有节奏地宣传。结合全省七个一百、山西文旅微综艺等文旅全年重点宣推项目，以点对多、点对面的形式，重点开展全网络新媒体综合宣传报道，加大了山西文旅宣传力度、增强了宣传广度、推进了山西文旅宣传深度。

（三）借势而进、造势而起、乘势而上，打造山西文旅大事件

"2022 山西好风光"项目坚持以文塑旅、以旅彰文，深度挖掘和利用山西独特的自然风光、生态环境和历史底蕴，坚持差异化、品牌化、特色化推进山西文旅融合发展。推动文化、科技和旅游跨界融合，精心策划精品线路，树立山西文旅品牌长效影响力。

三、主要成效

根据山西省文化和旅游厅文旅宣传工作部署，自 2022 年 6 月启动"山西好风光"文旅营销项目，分文旅微综艺、"七个一百"文旅计划、达人营销等多个板块逐步展开，具体成效如下：

（一）首次推出山西文旅微综艺，项目整体曝光破亿次

9 月 16 日，由山西省文化和旅游厅联合头条旅游推出的山西文旅微综艺《自驾云游季 × 山西好风光》在今日头条、抖音正式上线。诸多站内用户跟着千万级达人 @侣行夫妇云游山西，由北向南，通过亲身探访古建文物、体验山西非遗魅力、品味地道美食小吃、感受千年三晋文化，为网友展示一个风景秀美、历史厚重的大美山西。目前，11 集内容已全部更新完，众多网友对节目的收官恋恋不舍，纷纷表示"不够看"！

《自驾云游季 × 山西好风光》

《自驾云游季 × 山西好风光》项目整体曝光量破 2 亿人次，视频播放量超 1 亿。节目预热官宣视频一经发布后，整体曝光量 4500 万人次，官宣视频播放量 1400 万；《自驾云游季 × 山西好风光》第一集云冈上的宝藏整体曝光量 2500 万人次，官宣视频播放量 900 万；同时山西新闻网、《山西经济日报》、山西省文化和旅游厅头条号、侣行头条号等媒体账号发布山西文旅微综艺内容超过 20 条。同步太原热门商圈投影《自驾云游季 × 山西好风光》KV。在世界旅游日，今日头条旅游频道联合山西省文化和旅游厅头条号、侣行头条号等山西多家媒体打造热点话题 # 足不出户看世界旅游，登今日头条旅游热榜全国第一。

（二）推出"七个一百"文旅计划，助力山西文旅出圈出彩

山西自古以来旅游资源丰富，文化底蕴深厚，为进一步推动山西文化和旅游深

"七个一百"文旅计划

度融合、高质量发展；提升山西文旅品牌吸引力、影响力和竞争力，山西省文化和旅游厅推出"七个一百"文旅计划，旨在立足资源优势，挖掘资源禀赋，深耕文旅品牌，讲好山西故事。

"七个一百"计划即打造百个旅游目的地、百位文旅星推官、百名非遗传承人、百种特色美食、百个热门打卡地、百件文创好物、百个乡村旅游示范村。自中国旅游日主会场活动中首次亮相以来，"七个一百"文旅计划迅速在三晋大地走红。一时间，各大景区、网络达人、地方非遗传承人、乡村旅游基地等争相参与，不仅让山西文旅"火出圈"，更为山西文旅业高质量发展积蓄起蓬勃力量。

1. 打造美好目的地，让景区成为流量黑马

围绕"七个一百"主题，在山西省文旅厅抖音官方账号发布超 160 条相关景区游玩视频，累计播放量超 1600 万，点赞量超 47 万、累计评论超 10 万，同时登上同城热榜 30 余次，山西文旅账号涨粉 13 万，叫响了山西古建、大院等特色资源。在今日头条平台推出山西消暑季、山西亲子时光、康养山西等形式多样的视频、专题内容，相关稿件全网发布超 119 篇，上线头条专题超过 20 个，视频超过 15 个，累

山西文旅资源

计曝光山西文旅资源内容超 800 万次，引发无数网友积极互动，踊跃评论，有力提升山西文旅站内用户"拔草"概率。

2. 培养传播推广生力军，让世界看到山西之美

针对"七个一百"计划中百位星推官开展"山西好风光"创意短视频训练营，第一期于 2022 年 7 月 22 日开始，课程内容包含直播课 3 节，录播课 14 节，第二期于 2022 年 11 月 9 日开始分 8 个课时完成。每节课程时长 50～70 分钟，面向百位文旅星推官开展，截至目前，已有 10 余位星推官涨粉数超 3 万。

此外，联动地市星推官走进旅游目的地进行特色内容解读，发起"百名主播带你游山西"系列直播，截至目前已联动悬空寺、常家庄园、大同方特、云丘山、乔家大院、大阳古镇等山西知名景区开播 22 场，景区积极宣传，其中黄河大梯子崖景区、张壁古堡景区直播在线累计人数破 1 万。

景区直播

（三）玩转达人营销"DOU"出圈，紧追热点扩大山西声量

山西文旅紧追抖音热点达人、热点话题、热点事件，为山西文旅品牌力持续赋能造势。

1. 垫底辣孩《挑战拍一组城市宣传大片》山西站上线，山西文旅热度不断攀升

千万级网红达人垫底辣孩探访山西，拍摄城市宣传大片之《山西·晋中》，视

挑战城市宣传大片

频展现坐骡子车、喝油茶、写晋商汇票、舞龙凤凳、尝八碗八碟、品山西陈醋、游览绵山栈道、做刀削面、体验推光漆器、吃平遥牛肉等山西民俗特色，且背景音乐选用极富山西韵味的左权传统民歌《桃花红杏花白》。该视频一经发布好评如潮，相关话题热度登抖音热榜第二。截至目前，视频累积播放量超过 3800 万，视频点赞超 150 万，相关路透视频平均点赞超 1 万。

2. 紧抓热点 # 我的家乡就是美丽中国，助力山西文旅破圈造势

紧跟抖音热点 # 全国各地艾特曹雨批作业 # 我的家乡就是美丽中国，率先参加 # 美丽中国创意视频拍摄，美丽山西主题视频累计播放超 85 万，累计点赞超 2.8 万。随后山西本地网红达人、山西消防自发拍摄美丽中国太原版、美丽中国山西版，为热点美丽中国之山西站持续加热。

阿波解读山西古建文化

3. 山西地域自带"流量密码"，千万级博主阿波探访山西古建频登热榜

网红阿波自发来到山西，以专业导游视角解读山西古建文化，带领用户了解山西文化，创作了关于乔家大院、李家大院、云丘山、云冈石窟、雁门关、关帝庙等 27 个作品并在景区开展直播，创作的山西文旅视频关注度超 9 亿，登抖音全国热榜单 7 次，社会影响力大，用户对山西文旅关注度显著提升。

四、项目成效

山西文旅联手抖音通过全平台矩阵级资源，通过文旅行业数字化线上整合营销，以文化内容为核心、IP 品牌打造为抓手、数字文旅营销方法论为导向，打造了以世界文化遗产、优秀历史文化、壮美自然风光为主题的旅游目的地体系，2022 年山西文旅抖音传播声量超 15.4 亿次，山西文旅官方账号积蓄发力创作优质视频超 200 个，涨粉超 13 万，创作内容登上同城热榜 30 余次，"七个一百"计划曝光超 2 亿，有效促进山西文旅目的地繁荣增长，拉动山西文旅经济迈向新台阶。

专家点评

"山西好风光"新媒体营销项目结合当下文旅传播新动向，充分利用新媒体宣传矩阵，线上线下结合，通过文旅微综艺、"七个一百"文旅计划、百名主播直播、达人营销等系列宣传手段，实现全面出击，全网覆盖，使 2022 年山西文旅抖音传播声量超 15.4 亿次，提升了山西文化和旅游的全民关注度，有效促进了山西文旅目的地知名度，极大提高了山西文旅消费热度，是省级目的地形象塑造的成功典范。

数字文旅平台打造立体旅游宣传推广主阵地营销

内蒙古自治区呼伦贝尔市文化旅游广电局

一、案例介绍

以《中华人民共和国国民经济和社会发展第十四个五年规划和2035年远景目标纲要》《国家"十四五"文化改革发展规划》《"十四五"文化和旅游发展规划》《文化和旅游部"十四五"文化和旅游科技创新规划》为指导方针，呼伦贝尔市文化旅游广电局全面贯彻场景牵引、数智驱动、三融五跨和统建共享建设原则，深入落实数字文旅一体支撑、数智赋能、全域覆盖、多维协同核心理念，以大数据、人工智能、互联网、VR、5G、物联网等新一代信息技术为支撑，按照创新驱动、聚焦突破、融合发展的思路，始终围绕服务市民及游客的核心，建设了"11313（一底座、一大脑、三领域、一入口、三体系）"架构体系的"呼伦贝尔市数字文旅平台"（以下简称"平台"），形成了"文旅数智大脑"支撑产业治理、行业监管、发展振兴和公共服务的数字文旅新范式。

在宣传推广方面，以数字文旅平台为支撑，打造了"一体多屏""一体多维""一体多面""一体多态""一体支撑"的新一代"指尖上的呼伦贝尔"，提出了"全景域体验、全过程消费、全产业融合、全民化共享"的宣传、推广、服务新模式，实现了具有"春夏秋冬全时域，景区院馆全空间，大中小屏全终端，主题文化全覆盖"特色的立体化宣传推广新格局，形成了线上线下一体化的宣传推广主阵地。

二、建设举措

以数据化、智慧化、个性化为原则,打造了居民游客一体化的一站式文化和旅游资源、产品、服务供给平台,全面覆盖了电视、广告机、电脑、手机等不同终端用户访问需求,实现了信息多维度、智能化推荐和个性化呈现。

(一)推荐——强化智能服务

以功能化、场景化服务为主线,通过建立猜您喜欢、周边推荐、个性化配置页面功能区,根据用户访问的历史记录感知用户兴趣,根据用户所在位置推荐,发现今日重要事件等手段,为用户推荐相应的活动、资讯、产品及服务,根据用户参与的平台活动日程在推荐页突出显示。

TV 端

（二）看点——强化信息服务

以时间为维度构建看点板块，将平台最新发布的内容和服务展现在用户面前。看点中的发现功能将呈现最新的活动、资讯、产品及服务等信息，信息展示方式多样，避免浏览疲劳。

（三）圈子——强化兴趣导向

以新旅游发展六要素"商养学闲情奇"为顶层兴趣分类，构建子级分类，形成"亲子""老年游""情侣""徒步""爬山""探险""休闲""研学"等不同圈子，并支持由用户自建圈子，逐步形成以兴趣为导向的用户群体线上服务板块。

（四）探索——强化目的导向

以用户出行目的为导向，构建了"吃点啥""玩点啥""学点啥""品点啥""看点啥""住在哪"等探索属性服务，按时令季节、推广主题等为用户呈现不同的"吃住行游购娱"信息。

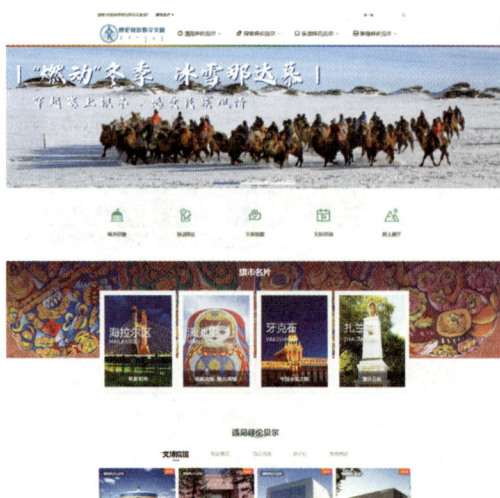

电脑端

广告机

（五）VR 云导览——强化虚拟化沉浸式体验

以虚拟现实技术＋手绘地图实现了呼伦贝尔景区全覆盖，为了进一步提升 VR 虚拟体验的感受，拍摄制作了一年四季的 VR 全景，实现了按季节自动切换、自动推送的动态导览效果，达到了时域穿越的震撼体验。同时，支持 VR 头显、VR 眼镜、VR 一体机等 VR 交互设备无缝集成呼伦贝尔全景资源。在文化馆、博物馆、图书馆等处设置了大型 VR 互动体验一体机，实现了足不出户便能遍览全市文化旅游资源的愿景。除此之外，呼伦贝尔将 VR 与云导览系统紧密融合，自由切换虚拟全景与文旅地图双模式，并提供了基于位置的语音讲解服务，进一步提升了用户线下游览过程的数字化体验感受。

（六）5G 全景慢直播——强化实时实景漫游体验

指尖上的呼伦贝尔以 5G 和 VR 全景技术为支撑，在全市精选了 3 处景点，投放 5G 通信设备与 VR 全景相机，通过眼睛实时链接实现了 7×24 小时，实时、720 度观景，打造了永不落幕的线上实时立体观景平台。

（七）皮肤主题——强化文化传播与旅游宣传

通过制定不同特色的皮肤主题，在不同季节、不同节日、不同场景进行应用推

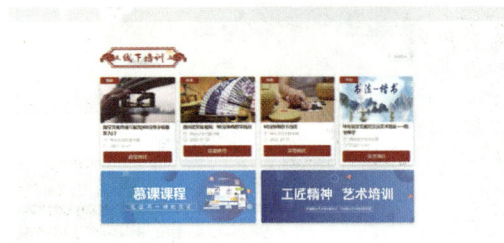

文化云

广，通过不同的特色皮肤加深游客印象，并且提高平台的美观程度和吸引力，提升平台精致效果

三、亮点创新

（一）一体多屏——大中小屏全面入驻

呼伦贝尔数字文旅平台在统一数智大脑的支撑下，建立了统一的文旅产业数字资源治理中心、公共服务支撑系统、景区场馆预约预订系统、惠民消费券服务系统等面向宣传营销推广的平台，实现了大屏电视、广告机，中屏电脑、平板，小屏手机多端覆盖和全面入驻。建设了电视版的"数字文旅云"，入驻了广电网络机顶盒；建设了广告机版的"数字文旅云"，覆盖了文化馆、图书馆、博物馆、美术馆、科技馆等文博院馆的广告机终端；建设了电脑版的"数字文旅云"，为重度电脑用户提供服务；建设了移动端的"指尖上的呼伦贝尔"，满足了主流用户手机享用的需求。

（二）一体多维——多维需求一体满足

以数字文旅平台为支撑，以指尖上的呼伦贝尔为载体，面向用户相关、发布时效、旅游目的、兴趣社交等建立了推荐板块、看点板块、圈子板块和探索板块，以一体支撑了不同用户的信息消费需求，犹如一个建筑在不同方向开设了不同窗口，每个窗口满足一类用户需求，从不同窗户可以获取不同的内容和服务。

推荐板块建立了以主题推荐、功能推荐、热点推荐、兴趣推荐、位置推荐于一体的综合推荐服务，为用户推送与自己紧密相关的服务和产品信息；看点板块以时间为轴，发现最新鲜、最时效的活动、培训、演出、资讯等信息，让关注平台动态的用户可以快速获取最新信息；圈子板块以"商、养、学、闲、情、奇"为主线，打造覆盖文化、旅游、体育、康养、游玩于一体的社交化圈子板块，将内容生产、圈子维护交付地方兴趣达人、大V博主，为不同兴趣的用户推送所关注圈子的活动、培训、要素信息以及游玩攻略等；探索板块以"食、住、行、游、购、娱、学、赏、观"为主线，打造了"吃点啥""玩点啥""住在哪""买点啥""学点啥""看点啥"等模块，为不同出行目的的用户群体提供点对点的信息配送服务。

（三）一体支撑——文旅资源汇聚融合

数字文旅平台实现了景区、院馆、展览、演艺、非遗、活动、培训等文化旅游广电资源、产品、服务的全面数字化、融合化、线上化。以数字文旅平台进行产业资源一体化管理、公共服务一体化供给，以统一出口支撑全域、全要素、全渠道线上、线下宣传推广服务，提高了对外宣传口径的一致性、高效性和准确性。

（四）一体多态——数智赋能虚实相融

以四季VR漫游、5G+VR实时实景慢直播、线上展览展陈、云端演出演艺为目标，建设了覆盖时间、空间双重维度的虚拟体验与实景观赏平台，实现了覆盖呼伦贝尔全部景区、院馆，一年四季动态变化的VR全景漫游、电子地图导览、电子导游语音讲解，7×24小时720度特色景点全景直播等功能板块，打造了数智赋能、虚实交融的观景赏艺体验。

（五）一体多面——文化旅游立体渗透

指尖上的呼伦贝尔打造了皮肤主题板块，围绕四季变迁、节庆活动、文化特

小程序

色、重大节日打造了"春、夏、秋、冬、春节、元宵节、清明、端午、七夕、中秋、建党、建军、国庆、世界博物馆日、世界读书日、美食、各旗区市"等一系列主题皮肤，让平台的每一寸皮肤、每一个角落、每时每刻都在传播着地方文化、宣传着地方旅游资源，将数字文旅平台在宣传推广方面的作用发挥到极致。

四、应用成效

（一）线上线下，协同互动，形成良性发展态势

"指尖上的呼伦贝尔"集"展示、宣传、营销"于一体，实现了全市文化旅游资源、产品、服务的一站式供给，并开设了各旗区市专题宣传板块，服务于文旅企业的宣传推广、营销推介需求，提升推广效率，降低企业营销推广成本。线上线下协同互动良性发展态势基本形成。自 2023 年 1 月上线试运行以来，已聚合文旅要素资源 2594 项，开展活动 453 场次，发布产品 185 个，供给资讯 3947 条，线上展陈20 场，平台注册用户达 6.2 万，访问量达 720 余万人次。

（二）数智赋能，虚实交融，观景演艺成效显著

平台搭建的虚拟现实和沉浸式场景体验初见成效。平台为全市 A 级旅游景区构建 VR 导览与地图导览结合的一体化导览新模式，实现了 VR 导览与地图导览的随

小程序

意跳转、自由切换，为游客提供基于位置的导游导览与讲解服务，系统展示地方优质文旅资源，提升文旅企业的产品供给能力和服务品质，构筑"一条龙"消费闭环；直播服务与 5G + VR 慢直播进一步赋能演出演艺，自 2023 年年初上线发布以来，共开展直播 11 场次，服务百姓 3.6 万人次。

（三）云端发力，科技加持，推动产业创新发展

将碎片化的文旅资源和产品进行整合，形成系列性、多元化的文旅营销模式，在线呈现高质量的文旅产品、漫游城市精品线路、丰富多彩的主题活动，对地方城市文旅形象进行整体传播，进一步推动了文旅产业高质量发展，扩大"五彩呼伦贝尔 极致草原印象"品牌影响力，以营销模式创新推动了服务升级和经济增长。

专家点评

内蒙古通过数字文旅平台打造立体旅游宣传推广主阵地，整合呼伦贝尔数字文旅平台，建立了数字治理中心、公共服务支撑、景区场馆预订、惠民消费券等服务整合，实现了电视屏、广告屏、电脑屏、手机屏屏屏覆盖，文化馆、图书馆、博物馆、美术馆、科技馆馆馆相连的一站式立体化旅游宣推平台，实现了多端覆盖和全面入驻。从信息推送服务，到 5G 加持 VR 云导览慢直播，再到景区、院馆等无缝衔接，实地体验，整合了资源，方便了游客，对继续扩大市场覆盖率将产生更大的效果。

"大连熊洞街"
宣传推广

辽宁省大连市文化和旅游局

一、案例简介

    大连熊洞街是一个建筑面积1万平方米的城市文旅化更新项目。它位于大连冰山慧谷产业园区，是利用旧工业厂房改造而成的新一代创新型文商旅综合体。熊洞街将大量高科技用于打造文旅项目机械巨熊——北北，并结合时下最流行的元宇

城市超级IP熊"北北"

熊洞街部分业态

宙、数字孪生、虚实结合、国潮、赛博朋克等元素，将商业与主题游乐链接在一起，以流量思维为基础，建立完整的城市 IP 系统，并实体化呈现为吃喝玩乐的街区——熊洞街，熊洞街由北北大街、尖叫大街、潮玩天街三条主街构成。建筑形态既保留了部分原有厂房形态，又继承了浓浓的工业风，还融入了蒸汽朋克的设计风格，集巨兽巡游表演、美食娱乐、潮流艺术、科技研学、潮玩周边和夜经济于一体，打造大连人的欢乐街、年轻人的理想国这一经营理念，用高科技与创意承载人间"烟火气"，给游客带来前所未有的五感体验。

　　熊洞街自 2022 年 6 月试营业以来，接待游客 80 多万人次，抖音、小红书、B站等新媒体平台超 5 亿人次曝光量，连续 3 次被央视新闻报道，获得数个文商旅行业优秀创新奖项。

二、具体做法

　　城市作为旅游资源的一个重要部分，影响着人们旅游的行为和动机。好的城市IP 可以增强一个城市的知名度、核心竞争力和软实力。大力推进城市 IP 建设，把打造一个区别于传统景区的免费式开放街区作为提升大连旅游影响力的重要抓手进行

大连创建东亚文化之都活动

海外博主打卡熊洞街

运作，为城市注入经济多样性与文化独创性形成了城市更新战略的一股新力量——"强 IP 性 + 强创意性"开辟出了旅游宣传的新路径。

（一）用创意驱动打造完整的城市 IP 产业链

用高科技打造城市"活"IP，巨熊"北北"——70 多项专利的高科技巨熊，身高 6 米，重达 25 吨，表情丰富，动作流畅，已经成为大连人见人爱的城市宠物，为熊洞街吸引了大量人流。

巨熊"北北"的创作可以说是一场文化自信与文化觉醒，是对东方元素的提炼与再创作。之所以命名"北北"，第一个"北"代表北方，第二个"北"代表北斗七星，因为北斗七星本身就是大熊星座的一部分，这就跟这只巨熊形成了完全的契合。同时还创作了"北北"诞生漫画，在线上发布视效作品，搭建巨兽元宇宙空间，线下创作衍生品，进一步丰富作品的延展力和生命力。

在国潮复兴强势崛起的当下，巨熊"北北"能给人沉浸式领略中国传统文化魅力和中国元素的独家体验，感受传统文化与科技创新能产生奇妙的化学反应。结合线下实体场景体验、特色主题活动、线上直播互动、巨熊"北北"抖音小红书等独立 IP 账号运营，实现线上、线下高频互动和互相引流。与此同时，巨熊"北北"和包含城市记忆符号的 AR、VR、数字孪生等元宇宙体验场景也正在推进中，基本形成了完整的城市 IP 产业链。

客流

（二）"大空间 + 小商业"的业态模式，建立创新型消费驱动的免费开放式街区

具体来看，熊洞街整体空间规划上，以巨熊"北北"的巨型装置为核心构造了一个巨大的观赏、游玩空间；围绕巨熊"北北"，在商业的一到三层，形成小商铺多业态的模式。

"大空间"主要指的是"熊北北巡游打卡"的大文旅空间。巨熊"北北"，浑身雪白，集装备制造的巅峰水准与艺术设计的巧夺天工于一身。站起来有 3 层楼高，每一层的商业空间都可以 360 度的与北北互动。除了核心的巨熊"北北"之外，还有樱花太空梭、碰碰车、复古滑冰场、蒸汽自嗨锅、北风女神号观览车、碰碰熊、超凡蝎子王等游乐业态，共同组成了大文旅的业态模式。

"小商业"指的是，围绕着熊"北北"，在商业的一到三层构建的小商铺业态。一层的商铺是围绕巨兽巡游和游乐开展的蒸汽朋克风的美食餐饮区，二层则是人间烟火气十足的文创零售与主题品牌餐饮区，三层则是以娱乐潮玩为核心开展的 ACG 主题文化街区。

每天巨熊"北北"会不定时地站起来，进行《北北大秀》的巡游，以及每周都有的《北方女神幻影秀》的不间断演出。同时还有 ACG 文化、街头文化、元宇宙线下等主题潮流活动，未来还将逐步融合研学、餐饮、文创、剧本杀、桌游、乐园、电玩等多种年轻人喜欢的业态。最终形成了创新型消费驱动的免费开放式街区——

熊 "北北" 互动   熊洞街电音节

主题文商旅的全新综合实践，一个年轻人都喜欢打卡的乐园式街区，每一个到场的游客都可以免费观看并欣赏表演。

（三）整合专家智库宣传推广

由大连市文化和旅游局牵头创新城市旅游宣传推广模式，做好宣传总体策划，细化责任分工。充分发挥社会力量的巨大作用，与市交通集团联合推出了机械巨熊"北北"公交车体城市旅游宣传活动——巨熊"北北"带你行游大连、大连赏槐大会、大连文旅产业推荐大会等，持续制造大连文旅热门话题，开展多元文旅主题活动，引领城市文旅消费新风尚，推动大连文旅产业深度融合发展。

人民网、新华社、中央广播电视总台等主流媒体，以及《国家地理》《中国旅游报》、新旅界、《南方都市报》等行业媒体和新媒体矩阵进行多元内容产生、制作与传播，通过图文和视频直播、短视频制作等多种途径和形式，助力系列宣传推广活动传播，赋能大连旅游新标签；邀请文旅、商业、艺术、文化、体育、娱乐、传媒、新媒体等行业名人、达人打卡熊洞街，并通过双方媒体渠道传播，放大传播效应，继而引发相关行业媒体的关注报道和案例评优。

三、主要成效

（1）熊洞街使冰山慧谷产业园区从一个区域性小众认知园区快速被大连市民乃至东北和全国各地很多人熟知，拉动园区整体招商能力和收入攀升 20% 以上，并成

熊洞街动漫节

为全国产业园区升级改造和城市更新的典范。

（2）大连熊洞街项目在促进文化、科技、艺术和旅游融合发展，创新旅游宣传方式，拓宽旅游传播渠道，丰富旅游推介内容，推动大连旅游恢复发展，提振旅游市场消费等方面起到了一定的实践探索和引领示范作用。从策划到建成试营业，恰好是伴随着3年疫情完成。尽管受到诸多不可控因素制约，仍创造了开业半年客流突破80万人次的奇迹，其中50%以上是通过抖音、小红书等新媒体渠道吸引来的外地游客。

（3）抖音、小红书、B站等短视频平台累计曝光达5亿次以上，现已成为东北旅游景点收藏榜第一名，为大连快速打造了一个超级城市地标，也在一定程度上为特殊时期的文旅项目模式创新、盘活城市存量资产提供了全新的实践思路，并因此连续3次登上央视新闻，流量红利更是让项目所在园区大连冰山慧谷焕发出了全新的生机，也通过快速积累起的全国各地200多万粉丝的关注，显著提高了大连城市品牌的创新力和吸引力。

专家点评

　　"大连熊洞街"宣传推广案例，是将一个旧工业厂房改造成新一代创新主题型文商旅综合体的典型案例。结合流行的元宇宙与数字科技，将国潮与赛博朋克等元素融为一体，打造了以内容为核心吸引物的极具关注度的乐园式街区，将高科技与"烟火气"完美融合，自带流量的网红气质让街区开业便受到广泛关注。与此同时，街区也通过年轻人喜爱的抖音、小红书、B站等短视频平台曝光方式，短期内获得巨大流量，成为街区转型、科技赋能文旅商的绝佳典范。

"冰雪丝路"
文化品牌项目传播

吉林省文化和旅游厅

一、项目背景

2022 年以来，吉林省提出"新旅游、新文化、新生活"的旅游工作新口号，围绕这一口号，吉林省文化和旅游厅联合新华社新闻信息中心吉林中心开展了"冰雪丝路"文化品牌项目传播合作。

雪场英姿

精彩集萃《新华每日电讯》

媒体宣传

双方结合吉林省冰雪实际，精心调研全省从冰雪资源到冰雪产业，再到冰雪经济的发展历程，在策划项目实施方案的同时，形成"长白天下雪"传播品牌，并整合新华社海内外优势平台资源，包括新华社旗下平面媒体《新华每日电讯》《经济参考报》、新华社客户端、新华网、新华社头部社交媒体账号、新华社海外社交媒体账号、新华社百家号，以及《人民日报》《经济日报》《吉林日报》、新浪微博等省直及商业媒体矩阵，以"长白天下雪"为主题，提炼"冰雪丝路"文化品牌的优质内容。以国内平面媒体、音视频、社交媒体为主，联动吉林省各县区打造全媒体传播业态。此外，通过新华社覆盖全球的180多个分支机构，与全球6000余家媒体用户长期合作，在新华社海外社交媒体账号上进行吉林冰雪旅游的宣介、推广，将具有浓郁吉林文化特色的冰雪新生活，向海内外进行精准传播，扩大吉林冰雪旅游、冰雪经济在全球的知名度、美誉度和影响力。

二、项目内容及亮点

（一）塑造传播品牌、深度报道与专项传播相结合，既看热闹也看门道

项目之初，吉林省文化和旅游厅与新华社新闻信息中心吉林中心进行项目传

《经济日报》

媒体报道

播策划，决定在推广"冰雪丝路"文化品牌的基础上，着力以"长白天下雪"为主题进行品牌塑造，重点宣传推广，推介相关视频、图文形象及文旅品牌内涵释义等。

新华社新闻信息中心吉林中心积极协调新华社吉林分社、新华网吉林分公司打造融合报道栏目《长白天下雪》，并邀请省书协副主席刘成书写栏目名称，新华社吉林分社摄影部设计栏目 LOGO。融合报道栏目推出后，受到读者的广泛关注与好评。

与此同时，新华社吉林分社推出重点栏目《吉林新观察》，以新华社记者的视角对吉林省冰雪旅游、冰雪产业、冰雪经济进行深度报道，结合《长白天下雪》《吉年吉事》《千城胜景》等专项传播类栏目，向受众展现吉林冰雪内涵的深度与广度，让受众既看热闹也看门道。

2022 年 11 月至 2023 年 3 月期间，新华社客户端《吉林新观察》《长白天下雪》《吉年吉事》《千城胜景》等栏目，累计发布相关稿件 100 余篇，全网综合浏览量超 1 亿次。《吉林新观察》栏目发布原创稿件 40 篇，《长白天下雪》栏目发布稿件 41 篇，《吉年吉事》栏目发布稿件 14 篇，《千城胜景》栏目发布视频稿件 9 篇。此外，新华社旗下官方微博转载相关推介信息 12 条；新华网发布"冰雪经济升温 一起来长白山打卡新雪季"直播1次，转载发布"长白天下雪"主题稿件51篇。

其中，《吉林新观察·长白天下雪｜冰天雪地依然"热"——冬奥之后吉林新雪季观察》《长白天下雪｜"亲子冰雪游"正成为新雪季重要增长点》《吉年吉事｜吉林西部：冬捕大鱼"包"着卖》《千城胜景｜长白天下雪·来吉林滑雪》等稿件紧贴时下热点，内容生动鲜活，表达方式创新丰富，得到受众广泛关注、转发，形成刷屏之势。

（二）中直媒体矩阵式联动，深度挖掘吉林冰雪潜力

新华社新闻信息中心吉林中心结合项目进度，协调《新华每日电讯》《经济参考报》《人民日报》（海外版）、《经济日报》进行矩阵式联动，深度挖掘吉林省冰雪潜力，在中央媒体层面大力宣传吉林省立足冰雪资源禀赋，实施"冰雪+"战略，推动冰雪旅游、冰雪运动、冰雪文化、冰雪装备全链条发展，培育打造寒地冰雪经济新动能等方面的成绩、成果，为吉林省文旅消费稳步复苏、冰雪经济快速增长，助力加油。

项目推进期间，《新华每日电讯》刊载相关内容6次，其中《民宿预订增长16倍　接待游客超过千万——吉林省推进冰雪经济快速增长》一稿于1月29日被头版

新华社社交平台账号·新华每日电讯

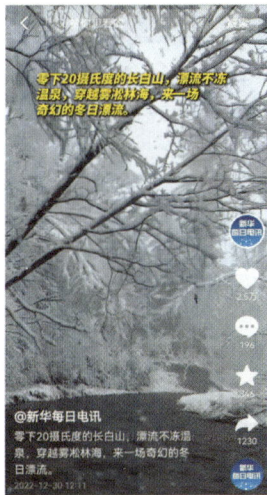

媒体宣传

新华社社交平台账号·新华县融

媒体宣传

采用,《经济参考报》刊载相关内容 2 次,《人民日报》(海外版)进行整版信息推介
1 次,《经济日报》进行半版信息推介 1 次。

(三)央地联动,驱动县区内容创作,构建媒体融合新生态

吉林省文化和旅游厅依托新华社新闻信息中心吉林中心覆盖全省的县级融媒
体专线,向全省各县区征集以"长白天下雪"为主题的《千城胜景》短视频,激发
县区内容创作热情,提供创作思路,引领创作导向,构建央地联动,媒体融合新生
态。同时,通过县区社交媒体账号与《新华每日电讯》、新华县融、新华屏媒等新
华社旗下短视频账号联创等形式,进行"冰雪丝路"品牌宣传,在全省推广吉林省
文化和旅游厅相关短视频内容,形成覆盖全省的传播集群。

项目推进期间,新华社客户端发布《千城胜景》短视频 9 条,视频浏览量均超
过 100 万次,相关县区在社交媒体、微信公众号、微博等媒介进行了转载。新华社旗
下社交媒体账号以"长白天下雪"为主题,持续发布相关短视频。《新华每日电讯》、
新华县融、新华屏媒等账号发布推介短视频 24 条。其中《你好,长春》《你好,吉林
市》《穿越雾凇林海,来一场奇幻的冬日漂流》等短视频的关注度、点赞量、评论量
颇高。

海外推广

海外媒体推广页面

（四）持续性海外传播带动国内二次传播深化品牌形象

吉林省文化和旅游厅联合新华社新闻信息中心吉林中心推出英文版文旅短视频，依托新华社覆盖全球的180多个分支机构，及与全球6000余家媒体机构的长期合作关系，在新华社海外社交媒体账号上进行吉林冰雪旅游的持续性宣介、推广，并将海外传播的成果、成效再次进行转换，用于国内二次传播，以深化"冰雪丝路"文化品牌形象。

项目推进期间，双方联合制作"长白天下雪"海外媒体英文推介视频8期，在

Facebook 等国际社交媒体平台的新华社账号"New China"进行推介。其中《Dreaming of a fantasy world of ice and snow》浏览量超过 80 万次，覆盖人群超过 220 万人次。

三、项目推广思路

（一）预热推广

项目前期，双方进行有效沟通，并依托新华社吉林分社采编队伍，对吉林省冰雪旅游、冰雪产业、冰雪经济进行深度调研，确认传播推广方案。按照前期预热、央地联动、全媒体立体式推广、海外传播带动国内二次传播的次序进行项目推广。

吉林省文化和旅游厅在项目前期向全省文旅系统发文，调动文旅相关单位积极参与项目传播。新华社新闻信息中心吉林中心依托覆盖全省的融媒体专线采用央地联动形式，激发地方创作活力，同时向新华社吉林分社积极提供报道线索，为项目广泛传播奠定坚实的基础。

新华社客户端

（二）全面推广

项目期间，新华社新闻信息中心吉林中心在新华社客户端打造《吉林新观察》《长白天下雪》《吉年吉事》《千城胜景》等栏目，利用深度报道和专项报道，全面系统的向受众推介"冰雪丝路"品牌。其中，《吉林新观察》栏目中的新华社原创稿件被全网各类媒体积极转载，形成刷屏之势。《新华每日电讯》、新华县融、新华屏媒等社交媒体账号大量发布相关短视频，形成传播矩阵。

同时新华社新闻信息中心吉林中心，积极报送线索，并协调《新华每日电讯》《经济参考报》《人民日报》（海外版）、《经济日报》《吉林日报》等平面媒体对项目进行系统性报道。

（三）海外推广

项目期间，吉林省文化和旅游厅联合新华社新闻信息中心吉林中心以"长白天下雪"为主题打造多期双语短视频，并在新华社海外社交媒体账号进行持续推广，并在国内进行二次传播。视频使用第三视角、第一视角、航拍等多角度切换，多视角展现在吉林顶级滑雪场滑雪体验。同时展现了吉林多元的冰雪文旅资源，如看雪雕、泡温泉、赏雾凇等，吸引了海内不同群体种草吉林丰富多样的冰雪旅游体验，持续深化"冰雪丝路"文化品牌形象。

精彩集萃·新华县融抖音直播

媒体直播

四、项目成效

（一）突破性

本项目以全产业链深度报道带动专项报道，以海外传播带动国内传播，突破了传统传播项目内容浮于表面、地域

新华网

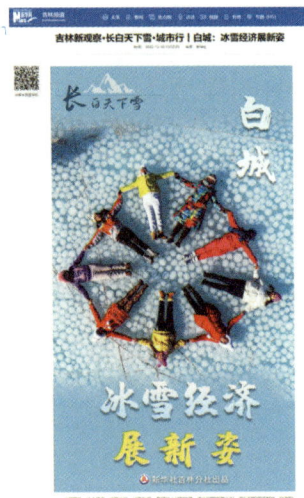

新华网报道

限制国内的状态。在报道吉林省冰雪旅游的同时，全面展示了吉林省健全冰雪服务质量管理体系，提升冰雪行业服务水平的各项内容，为受众了解吉林冰雪，理解吉林冰雪提供了平台。

（二）影响力

本项目通过海内外联动传播，为吉林省冰雪旅游吹响了再次腾飞的号角，从政治、经济、人文、环保等领域结合文旅成果进行宣传，以获得"出圈效应"。项目开展后，内外结合、全面立体深度的报道、新颖的短视频传播、央地联动的全方位出击、超 1 亿次的综合浏览量，为项目画上圆满的句号。数据显示，2023 年春节假期，吉林省接待国内游客 1154.67 万人次，同比增长 23.61%；实现国内旅游收入 111.78 亿元，同比增长 33.31%。

（三）示范性、带动性

本项目为吉林省冰雪旅游宣传及其他类似类型的宣传服务提供了吉林样板。其

新华网

新华网报道

中，央地联动模式、海外传播模式，成为吉林省各县区学习的模板，为整体提升吉林省文化旅游宣传水平，提供了有力借鉴。

专家点评

  用"冰雪丝路"的概念将吉林省的冰雪旅游赋予"国际"色彩，找到了一个非常好的切入海外市场的入口，并以此带动国内市场。同时，在后期的营销过程中，接续打出"长白天下雪"的传播品牌，借助新华社海内外优势平台资源，包括新华社旗下平面媒体《新华每日电讯》《经济参考报》、新华社客户端、新华网、新华社头部社交媒体账号、新华社海外社交媒体账号、新华社百家号，以及《人民日报》(海外版)、《经济日报》《吉林日报》、新浪微博等中省直及商业媒体矩阵，形成声势浩大的传播效应，将具有浓郁吉林文化特色的冰雪"新旅游、新文化、新生活"，向海内外进行精准传播，扩大和提升了吉林冰雪旅游、冰雪经济在全球的知名度、美誉度和影响力。

"淘学企鹅"
为黑龙江冰雪代言

黑龙江省文化和旅游厅

黑龙江是中国最早开发冰雪、运营冰雪的省份，是中国现代冰雪旅游产业的肇兴之地，素有"冰雪之冠"的美誉。作为我国向北开放新高地、"一带一路"中蒙俄经济走廊重要节点、"冰上丝绸之路"的发起点，黑龙江冰雪资源得天独厚，冰雪风光美不胜收，冰雪艺术匠心独具，冰雪产业方兴未艾，冰雪旅游潜力无限。

"淘学企鹅"冰雪巡游

"淘学企鹅"打卡伏尔加庄园

党的二十大报告指出，创新是"第一动力"。为深入贯彻黑龙江省"六个龙江"目标愿景，着力推进"创新龙江"建设，哈尔滨极地公园紧扣创新、创意内核，凭借十七年持续耕耘文旅产业的初心与决心，成功创意出"海洋之心""淘学企鹅""克隆北极狼"等融合了文化、旅游、科技的创意IP，走出了一条创新之路。

2022年冬，正值全国文旅复苏的重要时机，结合黑龙江得天独厚的冰雪文化，加之哈尔滨极地公园的精准营销和创意加持，"淘学企鹅"一跃成为顶流IP；"淘学企鹅冰雪巡游"这种在南极都罕见的景象，更使黑龙江冰雪"活"起来，"动"起来，"热"起来。众多南北方游客为一睹"淘学企鹅"来到黑龙江，爱上黑龙江。

一、抓住时机精准定位：打卡冰雪景区，创意制造话题，百万粉丝达人推广

（一）以企鹅视角打卡冰雪景区，"淘学企鹅"迅速蹿红

在南极生活的企鹅，离人们的生活有多远？黑龙江冬季得天独厚的气候条件为

"淘学企鹅"活动现场

企鹅创造了和南极类似的生活环境。因此，哈尔滨极地公园将企鹅搬到了户外，开创了国内文化旅游业的先河。

如何能让南极企鹅与北国风光有机融合？哈尔滨极地公园迸发了以企鹅视角，打卡冰雪景区的创意，并在一番调研后精准把握时机——2017 年，哈尔滨极地公园"淘学企鹅"IP 诞生！

"淘学企鹅"身背小书包，迈着八字步，打卡哈尔滨冰雪大世界、太阳岛雪博会、伏尔加庄园、亚布力滑雪场……它的每一次出行，都会引发一片关注，登上网络热搜。

2019 年冬，时值俄罗斯克里姆林宫芭蕾舞剧院来到哈尔滨大剧院演出。哈尔滨极地公园抓住时机，策划了"淘学企鹅"与俄罗斯芭蕾舞者在哈尔滨大剧院

"淘学企鹅"活动现场

雪中共舞的场景，一系列唯美影像霸屏短视频平台、微博和朋友圈，成为经典的文旅营销事件。网友赞叹："企鹅"与"天鹅"翩翩起舞，连童话故事都不敢这么写。

2022年冬奥会期间，哈尔滨极地公园再度为"淘学企鹅"原创"一企找墩墩，开心享冬奥"主题活动。借势冬奥会吉祥物"冰墩墩"的热度，首次将"淘学企鹅"拟人化，用"淘学企鹅"和冰墩墩的主观视角将黑龙江冰雪景区的冬奥元素融会贯通，创意推出一系列短视频和系列故事。

"淘学企鹅"为黑龙江冰雪景区增加人气，带来巨大流量，所到之处，如明星一般，得到全国游客的喜爱。吸引众多游客打卡黑龙江，"淘学企鹅"的内核与外延也越发丰富。

127

（二）紧抓文旅复苏时机，创意策划话题，邀百万粉丝拍摄，引来巨大流量

2023 年年初，哈尔滨极地公园抓住全国文旅复苏时机，连续举办 42 天"淘学企鹅冰雪巡游"活动，邀"富牛牛""CY 曹雨"等多名百万粉丝量级抖音达人前来拍摄打卡，创意策划多个爆款话题，如"哈尔滨是不是人手一只企鹅""谁能拒绝企鹅的小碎步""企鹅也没想到有人找自己充 Q 币"……一系列多维度的"淘学企鹅"话题持续正在登上各大平台热榜，越来越多的达人前来打卡"淘学企鹅"，游客也从四面八方慕名而来。历经 7 年不断打磨，"淘学企鹅"IP 的流量与人气有了质的飞跃。

（三）打造"淘学企鹅"主题歌，发挥文艺作品效能，传播龙江文旅强音

一首歌能够带动起一座城市、一个旅游目的地的旅游热潮。为此，在 2020 年，哈尔滨极地公园就力邀国内著名词作家陈道斌、著名作曲家秦洪宇，以哈尔滨城市旅游为核心背景，为"淘学企鹅"量身定做原创主题歌《淘学走天下》：

"带上梦想，哈尔滨安个家，漫步中央大街，偶遇太阳岛的她；去极地馆，找北极熊约会吧。听听海豚音，给白鲸献上一朵玫瑰花。到美丽的哈尔滨，把我心留下……"

歌曲活泼动感、朗朗上口，人们可以跟随音乐一同律动；歌词紧扣"冰雪"与"极地"，"淘学企鹅"如同一名导游带领大家游览龙江。歌曲《淘学走天下》在"淘学企鹅冰雪巡游"及其他表演时持续播放，仿佛一场室外舞会，既活跃了现场气氛，又丰富了游客的感官体验，更重要的是增强了游客的记忆点。一传十，十传百，《淘学走天下》充分发挥了文艺作品的传播效能，在强化"淘学企鹅"主题的同时，传播龙江文旅强音。

二、全媒体、多渠道加速曝光："淘学企鹅" 25 天曝光 8.5 亿次

2023 年春节期间，"淘学企鹅" 创造出 25 天曝光超 8.5 亿次的佳绩；来黑龙江 "看冰灯、赏雪雕、寻淘学企鹅" 已成为黑龙江冬季旅游的 "热选线路"；"淘学企鹅冰雪巡游" 已成为哈尔滨国际冰雪节重要活动之一。媒体点赞，专家肯定，登顶网络热搜，荣膺城市旅游 IP，获龙江冰雪天使……

（一）央视、人民网、新华网等重量级媒体全景式持续报道

2023 年年初，"淘学企鹅冰雪巡游" 作为哈尔滨国际冰雪节重要活动亮点登上央视一套《新闻联播》，央视二套《天下财经》《正点财经》。新华社、中新网、央广网、黑龙江广播电视台、《黑龙江日报》《哈尔滨日报》等国家、省市重量级媒体给予多维、全景深度报道。

媒体报道

大年初一到初六，黑龙江广播电视台极光新闻连续六天直播"淘学企鹅冰雪巡游"，《北京日报》、西安发布等媒体同步转播。

（二）霸榜短视频平台，冲上微博热搜，流量转化人气

2023 年春节期间，"淘学企鹅"IP 和"淘学企鹅冰雪巡游"活动创造出 25 天曝光超 8.5 亿次的傲人成绩。1 月 11 日，仅一天时间，"淘学企鹅"包揽抖音平台同城热榜第一、第二、第四名；1 月 12 日，"淘学企鹅"冲上微博全国热搜总榜第 8 位。

短视频平台

活动现场

　　"淘学企鹅"汇聚了流量，带来了人气，数据显示，哈尔滨极地公园整体客流同比 2022 年增长超 220%。

（三）业内人士、文旅专家肯定，获 IAI 国际旅游奖金奖等多项殊荣

　　2021 年 6 月，"淘学企鹅代言黑龙江冰雪旅游"营销案例荣获第五届 IAI 国际旅游奖金奖。

　　2022 年 9 月，"淘学企鹅"作为黑龙江省重点文化创意 IP 参展中国国际投洽会，入选"黑龙江省大众创业万众创新活动周"十大创新成果，向海内外推荐"冰雪龙江"。

　　2023 年 3 月，经过多年不懈努力，"淘学企鹅"获黑龙江省文化和旅游厅、哈尔滨市文化广电和旅游局颁发的"黑龙江冰雪天使""哈尔滨城市旅游 IP"称号，点亮了黑龙江文旅产业新名片。

活动现场

三、建设"淘学企鹅"馆，成立"淘学企鹅"创意中心，开发"淘学企鹅"文创产品

　　未来，哈尔滨极地公园将持续深耕"淘学企鹅"IP，并稳步推进文旅创意设计产业。建设"淘学企鹅"馆，延续"企鹅巡游"热度；成立"淘学企鹅"创意中心，共建龙江创新基地；开发"淘学企鹅"文创产品，链接城市文化，打造极地冰雪新业态。

　　哈尔滨极地公园正在"抢先抓早"，在创意设计产业新赛道上奋力"抢跑"，为打造"创意龙江""开放龙江"贡献力量。

专家点评

　　当身背小书包、迈着八字步、不停地在哈尔滨冰雪大世界、太阳岛雪博会、伏尔加庄园、亚布力滑雪场等景点打卡的"淘学企鹅"一出现，立刻就成为顶流网红，登上网络热搜。让"淘学企鹅"为黑龙江冰雪代言，是一个非常好的营销创意，让原本粗犷、豪放的东北形象有了一点可爱和淘气，同时，为这些可爱、淘气的小企鹅专门量身打造原创主题歌《淘学走天下》，更是风靡一时，成为传播黑龙江冰雪旅游的季节强音。

　　"淘学企鹅"之所以能够创造出 25 天曝光超 8.5 亿次的佳绩，是因为其创意高度弥合了人们对快乐旅游、快乐生活的最基本的心理需求。这正是旅游回归原始属性的真实写照。

伊春旅游推荐官，凝聚家乡力量，拓宽营销新路

黑龙江省伊春市文化广电和旅游局

一、导语

伊春市位于黑龙江省东北部，小兴安岭腹地，与俄罗斯隔江相望，是国务院批复确定的中国北方重要的生态旅游城市，素有"祖国林都""天然氧吧""红松故乡"等美誉。4万平方公里山川林海、高达83.8%的森林覆盖率、平均每立方厘米空气中富含2.7万个负氧离子、亚洲面积最大的红松原始林……为"林都伊春·森林里的家"生态旅游发展奠定了得天独厚的自然资源基础。

2022年5月19日中国旅游日伊春市主题活动现场宣布推荐官团队成立

伊春旅游推荐官团队在林都明珠塔

自 2020 年开始，受疫情影响，伊春市文化广电和旅游局将宣传推广工作向线上逐步转化，通过举办多次短视频大赛、旅游宣传活动，发掘了一批以"林都宝"为代表的本土旅游达人和短视频爱好者；为更好地打响伊春旅游新媒体形象，形成"家乡人宣传家乡"的营销氛围，伊春市文化广电和旅游局认真谋划、大胆创新，于 2022 年 5 月 19 日在中国旅游日伊春市主题活动暨"体验生态文化　乐享森态伊春"仲夏文旅季启动仪式上正式组建成立伊春旅游推荐官团队。

伊春旅游推荐官团队是黑龙江省首个完全由本土旅游爱好者组成的，完全自主运营的自媒体旅游推广团队，成员来自各行各业，有机关企事业干部、教师、医护人员、工人、个体工商户……虽然职业不同，但是推荐官们对家乡旅游的热爱却是不约而同。团队致力于开展全方位的伊春旅游宣传推广，构建全民关注旅游、共建旅游的良好社会环境，目前该团队共有成员 20 余人，每周作品播放量超过百万次，已经成为伊春旅游亮丽的代言名片。

二、具体做法

（一）推广思路

当前，新媒体宣传的重要性持续提升，短视频平台成为各大旅游城市的"必争

伊春旅游推荐官合影

之地"。但是由官方部门主导开展的新媒体推广存在一定的局限性，缺乏百姓视角，下沉度和体验感存在不足，营销推广费用较高，造成很多情况下的宣传效果并不理想。伊春市文化广电和旅游局另辟蹊径，统筹全市优秀旅游达人和短视频创作者，组建伊春旅游推荐官团队，以官方授权在全市重要景区景点免票游览、重大文旅活动自由拍摄宣传、酒店民宿享受折扣的权益模式，实现了旅游宣传需求和释放家乡热情的统一。团队成员在开展旅游宣传的同时，可以自主带货、直播创造营收，成功实现了旅游宣传的"本土化""民间化""低成本化"，形成了与政府部门、景区、游客的多方良性互动模式。

（二）主要做法及亮点

1. 聚焦旅游视角，建设专业队伍

2022 年 5 月，伊春旅游推荐官团队正式成立，团队成员深感宣传责任重大，以"林都宝"为核心，推荐官集思广益，教学相长，首先从短视频质量提升角度入手，共同学习研究热点旅游城市、景区宣传短视频创作思路、剪辑技术等问题，不断提升创作基础。作为伊春本地人，推荐官团队熟知家乡每一寸沃土，每一处风景。团队从伊春市主打的生态、森林、气候三大核心优势，以及"春赏花、夏避暑、秋观

推荐官热门视频数据

山、冬戏雪"四季主题游玩方向入手，在脚本创作上重点契合追求森林康养、避暑旅居、玩冰戏雪、慢生活疗愈的受众，为广大短视频用户倾力呈现伊春亲山近水的自然风光和游玩攻略。推荐官"林都宝"于 2022 年 6 月发布的"黑龙江伊春九峰山养心谷旅游攻略"视频，在夏季旅游开启之际为伊春引流 177 万，获点赞量 3.0 万，转发量 1.5 万，引发评论区 1405 人积极讨论。

"专业性"也是推荐官们持续追求的目标。一年来，推荐官团队吸纳了本地流量网红达人、专业摄影师、持证航拍、文案编辑、视频剪辑等人员，队伍逐渐壮大，团队总粉丝量超过一百万。为伊春市短视频宣传提供大量具有时效性、针对性、真实性的素材，持续保持互联网曝光率。在做好自主宣传的基础上，助力"林都伊春"官方账号在全省各地市官方旅游短视频账号之中粉丝量排名持续提升，伊春旅游短视频营销力度持续走深走实。

2. 热点结合本土化，力争热门"爆款"

在伊春市文化广电和旅游局的指导下，推荐官团队紧盯社会热点，迅速响应跟进宣传。在迎合社交媒体时代旅游主流消费人群获取信息新习惯、贴合社会当下热点话题的基础上，融入本地文旅资源特色，打造伊春旅游热门标签，增强营销体验。2022年"十一"黄金周期间，旅游推荐官"善常"在抖音短视频平台热点 # 金秋十月 #

话题下发布伊春市秋季风景视频突破 39.9 万次点赞。视频以创新性拍摄视角记录下伊春秋季层林尽染，五花山色的壮丽景观，为伊春秋季旅游宣传引流 776.7 万次点击量，引发伊春旅游关注热潮；2022 年 7 月，旅游推荐官"神奇在路上"在抖音短视频平台热点话题 #黄桃罐头会保佑每一个东北孩子# 下发布在丰林县库尔滨水库拍摄的冰天雪地、泼水成冰的视频。银装素裹、雪玉冰清的雾凇盛景，饱含思乡之情的细腻文案迅速引发网友共鸣。让更多的人了解到，伊春的冬天是冷的，但老林区的回忆、璀璨耀眼的雾凇盛景、淳朴的风土人情是"热"的。本条视频为伊春引流 215.4 万次点击量，获点赞量 9.6 万，评论 1.5 万，擦亮了伊春冬季旅游标签。

3. 代言人助力文旅，形成流量转化

为延续冬奥会热度，在 2022 年中国旅游日伊春市主题活动上，冬残奥会吉祥物"雪容融"的创意设计者姜宇帆作为特邀伊春旅游推荐官，"隔空"为家乡送来祝福，助力家乡宣传。作为北京冬残奥会吉祥物"雪容融"设计者，吉林艺术学院学生、来自伊春市嘉荫县的家乡人姜宇帆有着浓浓的家乡情结，"雪容融"正是以家乡伊春在春节期间浓郁的年俗节庆氛围、街上随处可见的大红灯笼为设计灵感。才华横溢、奇思妙想的伊春姑娘用自己的力量描绘出代表祖国文化的生动形象，受邀成为伊春旅游推荐官的同时，也积极带动了家乡文旅宣传的流量。

4. 克服艰难险阻，展现大美伊春

2022 年，伊春市旅游推荐官参与了中国旅游日、森林露营大会、中国伊春·森林冰雪欢乐季等十余项全市大型文旅活动。在活动举办期间，推荐官积极配合活动流程，义务为家乡文旅活动助力，全程开展直播，诙谐幽默的解说、高码率设备为观众带来极佳的伊春旅游"云体验"。在自主宣传工作上，能够克服高山、严寒、路程等种种困难，爬冰卧雪、风餐露宿，坚持把最真实的伊春美景展现给观众。特别是在 2022 中国冰壶联赛（伊春站）期间，旅游推荐官团队为了推广展现伊春冰壶之乡的魅力，牺牲个人工作时间，同参赛运动员及赛事工作人员一起全程实施闭环管理。在一周的比赛期间，不辞辛苦，坚守岗位，拒绝打赏，义务为全国冰壶爱好者进行赛事现场直播。大赛举办期间直播超过 20 场，观看人数 20 余万。推荐官们的辛苦付出得到了大众的认可，比赛结束后，收到了来自广州、北京、四川等不同地区冰壶粉丝们寄来的感谢锦旗和感谢信，进一步叫响了"林都伊春·冰壶之乡"品牌。

（三）主要成效

所有的不凡，都源自平凡。伊春旅游推荐官团队自成立以来，不忘初心，不负热爱，不畏困难，各成员以一己之力营造流量声势，为家乡代言。与旅游业界、新媒体百万大 V 相比，伊春旅游推荐官团队的平台账号里，没有踏遍世界山河的广阔视角，但林都伊春就是他们最渴望呈现给大众的全世界。随着团队账号的不断发展，伊春旅游推荐官的知名度不断提高，特色鲜明、本土化的表现形式为伊春旅游吸引了大量的关注。

在受到疫情影响，全市宣传推广工作面临阻力的情况下，伊春旅游推荐官队伍发挥了中流砥柱的关键作用，充分显示了本土宣传队伍路途短、成本低、了解家乡、易于组织的优越性。经过一年的打造运营，这支家乡旅游宣传队伍越发成熟，已经成为伊春旅游宣传不可或缺的一部分。

截至目前，伊春旅游推荐官团队全年在各大短视频平台发布作品超过 5000 条，播放量近 10 亿次；帮助景区销售线上门票 100 余万元；开展直播 1000 余场，场均观众超过 2000 人，已经成为伊春旅游别具一格的代言名片。伊春旅游推荐官团队将

继续助力提升伊春旅游知名度和美誉度，让越来越多的人关注伊春、认识伊春、走进伊春、爱上伊春。

专家点评

　　与许多地方请明星、名人代言和文旅局长出圈代言不同，"伊春旅游推荐官"是完全由本土旅游爱好者组成的代言群体，他们有自主运营的自媒体旅游推广平台，成员来自各行各业，有机关企事业干部、教师、医护人员、工人、个体工商户等，虽然职业、年龄、经历等各异，但出于对家乡的热爱，他们能够更加不遗余力的、用发自内心的情感向广大游客推荐自己的家乡。

　　用当地人代言家乡旅游，伊春文旅部门做了一次很好的尝试。伊春旅游推荐官在开展旅游宣传的同时，还可以自主带货、直播创造营收，成功实现了旅游营销宣传的"本土化""民间化""低成本化"，形成了与政府部门、景区、游客的多方良性互动模式和共建共享旅游目的地的发展模式。

"艺起前行"打造在线文旅服务应用场景

上海市文化和旅游局

[QR code]

一、导语

疫情期间，文化和艺术的力量如同一道光，给人带来温暖和信心。

2022年3月至6月期间，在受疫情影响的情况下，上海市文化和旅游局联手沪上主要文旅场馆策划推出"艺起前行"（前期名为"音爱艺起"）在线文旅服务品牌，共同将美术展、博物馆、音乐会、公共文化服务等文旅资源移师云端，通过深度解读、专家在线导览、视频直播等方式，把沪上精品文化艺术内容在云上集中呈现。

三个月内，上海市文化和旅游局通过"云美展，云文博、云艺培、云旅游、云阅读"等多种线上创新文旅宣传模式，借助上海美术、文博、演艺资源集聚的优势，以"上海博物馆计划""上海大美术馆计划""社会大美育计划"为牵引，引导推动本市各大艺术机构、市场主体和社会力量共建共享，集中推出一批"云美展、云文博、云演艺、云艺培、云阅读、云旅行"的文旅精品，打造高品质、海派风、国际范的在线文旅服务应用场景，在取得良好反响、振奋抗疫信心的同时，加速推进了文化与旅游的深度融合，让上海的人文温度和文艺魅力深入人心。

市文化和旅游局党组书记、局长方世忠表示，数字化是赢得未来发展制高点的全新赛道，是推进文旅融合高质量发展卓越实践的内涵特征。上海文旅将坚持整体性转变、全方位赋能、革命性重塑，积极推进线上与线下、演出与演播、实体空间

新闻报道

与虚拟空间平行交互、相互赋能。让上海在特殊时期依然充满人文关怀，让市民依然感受到文旅服务的暖意、惬意和诗意。

二、具体做法

（一）推出注重人文关怀的文旅品牌

2022 年 3 月 18 日晚，上海博物馆馆长杨志刚现身 B 站直播间，把上博的新展《盛世芳华·上海博物馆受赠文物展》带到观众眼前。"没想到文物背后的流转传承也这样令人动容""讲解超级棒，收获满满！""期待春暖花开，现场观赏！"……当晚，近 80 万人涌入直播间"云赏"这场展览，在留言区写下了满满的热情和期望。

疫情开始以来，上海博物馆持续做好线上资源的整合。打开"上海博物馆"微信公众号，可以一键直达上博课程、微纪录片、知识问答、教育资源、无障碍导览等多个专栏，"特展回顾"专栏里还可以找到多个往年热门展览内容，提供足不出户的文化体验。

2022 年疫情期间，解锁线上新体验的不仅是上海博物馆。"艺起前行"项目推动上海全市文旅单位持续做好线上资源整合，推出数百场线上展览和活动，并持续推出线上课程、讲座、演出等，打造"永不闭馆"的博物馆、美术馆和演出舞台。

宣传海报

市民观众足不出户即可与国内优秀专家学者、文艺大咖在云上见面，学习前沿的文物、历史、艺术知识，使文旅场馆真正成为公众终身学习之所。

此外，上海市群众艺术馆启动了集"云艺培""云演出""云展览""云故事"于一体的市民美育云客厅，上海各区文化馆、文化文艺单位也纷纷推出线上文化为民服务项目，大批线上培训课程、戏曲名家导赏、美术及非遗展览、高清戏剧等精品文化资源触手可得，文化惠民的同时也助力优质文化内容频频"出圈"。上海市民还可以通过上海数字文化馆，畅享更多公共文化数字资源。数字文化馆集聚了市区两级文化馆的品牌资源，包括直录播节目、文化赛事、艺术培训报名、培训视频资源，为两级文化馆提供线上服务。市民还可以通过 VR 智能"逛"遍上海市群艺馆及 16 个区文化馆，一站式享受线上公共文化服务。

借助新的技术手段，上海不少传统文艺单位也开启了云端新舞台。上海交响乐团每周五晚上，在上交视频号和澎湃新闻 App 上线周末线上音乐会，上交微信小程序"一碗馄饨"中的《莫扎特的音乐专辑》《晚高峰轻松听》《首席教你学乐器》等音视频专栏也长期向公众开放；上海话剧艺术中心推出《The Show Must Go On——让我们一起线上看戏剧高清播放》，几乎每晚都在上海话剧艺术中心官方微博号高清录像播放一部戏剧，向公众开放《商鞅》《万尼亚舅舅》《秀才与刽子手》《那年

宣传海报

143

那时那座城》《浮士德》等经典戏剧作品，在线观看人数已超百万；上海音乐厅除提供"音乐午茶线上版"之外，还安排了一场特别"疗愈"的《从日落开始——上海音乐厅绝美视角慢直播》……这些线上活动超越地域、时间的限制，为观众创造更丰富的剧场体验。

通过"艺起前行"，上海不仅为市民游客提供丰富的精神食粮，并将上海和上海市民之间双向的深厚感情融入宣传推广工作中，打动人心。

（二）打造不受限制的文化推广样本

千百年来，文艺行业的传统传播方式，就是"线下消费型"。疫情之下，传统的线下文艺行业遭受重大冲击，而新兴的数字传播却由于在线消费的特点而优势凸显，在亿万民众居家隔离、远程办公期间获得了超乎想象的关注和推动。据中华艺术宫馆长陈翔介绍，通过"艺起前行"，包括中华艺术宫在内的不少美术馆都借机探索云服务的新模式，根据数字、云端自身的特点，进行开拓设计，以此实现美术馆更大程度的创新。其中就包括一批艺术与科技融合的美术馆"全景看展"。中华艺术宫（上海美术馆）推出了"幸福是奋斗出来的""现实的光芒"等全景展览项目；上海当代艺术博物馆将"上海双年展"等历年 51 个展览项目悉数展出；上海明珠美术馆的《慕夏》、上海久事美术馆的《爱即色彩：马克·夏加尔展》、上海艺仓美术馆的《光·谱：鲍勃·迪伦艺术大展》……这些展览以往参观时大排长龙，如今人们手指一点，即可重回展览现场，不受干扰地感受优秀艺术作品的魅力。

"艺起前行"项目以云端为载体，超越地域、时间的限制，通过前沿的宣传推广手段、多样的文化艺术形式、丰富的文旅推介内容，通过展览导览、演出直播、美育课堂等青年群体喜闻乐见的艺术形式，将上海美术、文博、演艺等文化旅游资源产品进行有效传递和最大范围推广。

三、主要成效

值得一提的是，疫情期间，上海各行各业的市民也踊跃参与"艺起前行"项目，用镜头记录身边事，用社交网络传播艺术热度，汇聚人文关怀的暖流。

"艺起前行"项目获得了热烈的社会反响和高度认可,在上海市文旅局乐游上海微信公众号、乐游上海微博、《旅游时报》上发布相关文章130篇,超过10万字,总阅读数超过17万人次。在微信视频号、抖音、腾讯直播平台上进行了50场次直播,观看数超过70万人次。参与"艺起前行"项目的不只上海市民,而是辐射全国乃至海外观众,大大引起其对上海城市旅游目的地的向往,实现了上海文旅形象的热度"出圈"。

近年来,上海市文化和旅游局多次组织文旅推广活动,其中"艺起前行"项目是在特殊形势下进行的无形中的文化旅游推介,是"文旅深度融合"的一项创新成果,也令上海这座城市以更具温度的方式,更深入地走进更多人的内心。

疫情已然过去,在疫后文旅复苏重振的大环境下,上海市文化和旅游局将坚持从上海最有资源、最有优势的地方出发,突出上海文旅"都市型、综合性、国际化"特点,把更多的都市资源转化为文旅产品,制造城市消费新热点,更具诗意地塑造城市旅游目的地形象。

专家点评

在疫情影响的特殊情况下,上海市文化和旅游局联手沪上主要文旅场馆策划推出的"艺起前行"在线文旅服务品牌,共同将美术展、博物馆、音乐会、公共文化服务等文旅资源推上云端,通过现代传播渠道和深度解读、专家在线导览、视频直播等方式,把沪上精品文化艺术内容在云上集中呈现。在2022年疫情期间,"艺起前行"项目推出了数百场线上展览和活动,并持续推出线上课程、讲座、演出等,打造"永不闭馆"的博物馆、美术馆和演出舞台;市民观众足不出户即可与国内优秀专家学者、文艺大咖在云上见面,学习前沿的文物、历史、艺术知识,使文旅场馆真正成为公众终身学习之所;上海市群众艺术馆启动了集"云艺培""云演出""云展览""云故事"于一体的市民美育云客厅;上海各区文化馆、文化文艺单位也纷纷推出线上文化为民服务项目,大批线上培训课程、戏曲名家导赏、美术及非遗展览、高清戏剧等精品文化资源触手可得。

总体来说,"艺起前行"在线文旅服务品牌,为在疫情阴霾笼罩下的人们亮起了一盏文化明灯。

"到盐城嗨周末"
主题营销活动

江苏省盐城市文化广电和旅游局

一、导语

2022 年以来，"互联网＋旅游"成为激活文化旅游市场活力的重要途径，周边游、短途游成为文旅产业新的增长点。盐城地处"一带一路"和长江经济带的交汇点，是长三角一体化发展中心区城市之一。"5+1"高速铁路网全面建成后，与上海、南京的"两小时经济圈"，与北京的"一日商务圈"为盐城市开辟了全新的发展格局，文旅产业也将成为盐城市高速发展的新路径和融入长三角的"黏合剂"。

宣传海报

为此深度挖掘四色盐城的文化内涵，以周末游为着力点，将盐城市文旅品牌打出去，将长三角地区游客引进来，同时以近带远，利用长三角在全国的影响力，将盐城"国际湿地城市""世界遗产　自然盐城"品牌推广至全国，乃至全世界，全面提升国际知名度和城市品牌影响力。

二、具体做法

从客源需求角度及市场出发，围绕盐城市优质文旅资源，重点发展特色旅游产品，培育主题旅游线路，通过品牌建设、产品开发、节庆活动、媒体宣传打造该城市特色旅游产品，具体采取了如下做法：

（一）品牌建设："到盐城·嗨周末"

1. 品牌 IP 定位

盐城市地处长三角北翼，高铁时代的到来和丰富的旅游资源使盐城成为长三角地区游客周末出行的热门目的地。"到盐城·嗨周末"的主题是希望建立"盐城"与"周末"的品牌联想，让人们每逢周末都能想到盐城，实现盐城市旅游品牌的焕活。

宣传海报

2. 品牌 IP 形象打造

融合盐城四大主题特征，包含"全球最大丹顶鹤越冬地""全球唯一野生麋鹿群""全球最大水上芦苇迷宫""中国首个滨海湿地世界自然遗产"，将"麋鹿""丹顶鹤""勺嘴鹬""芦苇""湿地"五个元素符号化，打造"到盐城·嗨周末"主题LOGO。

IP 形象具有鲜明的盐城特点，形象可爱，得到广大游客普遍认同。符合并反映活动主题，令人有耳目一新之感。具有通俗、得体、易记的名字。具备灵活性和附属开发空间，适用于别针、贴纸等物品。以"麋鹿""丹顶鹤""勺嘴鹬"为基础形象，打造"盐小鹿""盐小丹""盐小勺"吉祥三宝卡通形象，以灵动可爱的形象展现盐城文旅特色。

吉祥三宝卡通形象

3. 线下品牌发布会

9 月 20 日，由盐城文化广电和旅游局、燕舞集团、携程集团联合举办的"到盐城·嗨周末"品牌沙龙在上海历史博物馆成功举办。这是在携程发布超级目的地战略，并宣布盐城入选首批超级目的地种子城市名单之后，为打造"休闲度假旅游目的地"所采取的进一步动作。

（二）产品开发："52 个周末计划"

以"白色研学之旅""红色献礼之旅""绿色生态之旅""蓝色清新之旅"四大主题为核心，每个主题分别设计优化特色产品，在携程平台上构建丰富多元化盐城市旅游产品体系，强化产品支撑，将盐城市打造成长三角地区的周末度假胜地。

1. 蓝色清新之旅——生态 2 日游
大洋湾风景区 + 水街游船 + 九龙口泡温泉 + 九龙口风景区 + 淮剧小镇

2. 蓝色清新之旅自驾游
九龙口风景区 + 九龙口温泉酒店（高级双床房 / 大床房二选一）+ 九龙口温泉中心 + 淮剧小镇

3. 白色研学之旅亲子 2 日游
梦幻迷宫 + 西溪董永七仙女文化园 + 黄海森林公园 + 条子泥景区

4. 蓝色清新之旅——温泉 2 日游
大洋湾景区 + 水街游船 + 九龙口泡温泉 + 九龙口风景区 + 淮剧小镇

5. 白色研学之旅——文化 2 日游
大洋湾景区 + 盐城博物馆 + 草房子乐园 + 九龙口景区 + 淮剧小镇

6. 蓝色清新之旅——自驾 2 日游
大纵湖景区 + 东晋水城 + 荷兰花海 + 大纵湖东晋水城开元名都度假酒店

7. 白色研学之旅——暖冬 2 日游
大洋湾景区 + 泡温泉 + 金沙湖旅游度假区 + 七彩农业园

8. 蓝色清新之旅——自驾 2 日游
大洋湾风景区 + 盐渎往事演出 + 东晋水城 + 大纵湖景区 + 芦荡迷宫

9. 蓝色清新之旅——温泉 2 日游
海盐博物馆 + 中华麋鹿园 + 黄海森林公园 + 条子泥景区

线路海报

10. 白色研学之旅——暖心驾 2 日游

荷兰花海 + 半岛温泉酒店巴厘岛温泉 + 大丰动物园 + 中华鹰鹿园

11. 蓝色清新之旅——温泉 2 日游

金沙湖旅游风景区 + 泡温泉 + 大洋湾风景区 + 盐镇水街——船游串场河

12. 白色研学之旅——自驾 2 日游

中华麋鹿园 + 荷兰花海 + 水韵龙湾 + 观看九九艳阳天水秀、大纵湖印象灯光秀 + 东晋水城景区 + 大纵湖景区

13. 花开盐城 2 日游 A 线

梅花湾景区 + 荷兰花海 + 黄海森公园景区 + 中华麋鹿园

14. 花开盐城 2 日游 B 线

便仓枯枝牡丹园景区 + 中华海园景区 + 大洋湾景区 + 盐镇水街——串场河游船 + 丹顶鹤湿地生态旅游区景区 + 黄沙港渔港小景区 + 日月岛景区

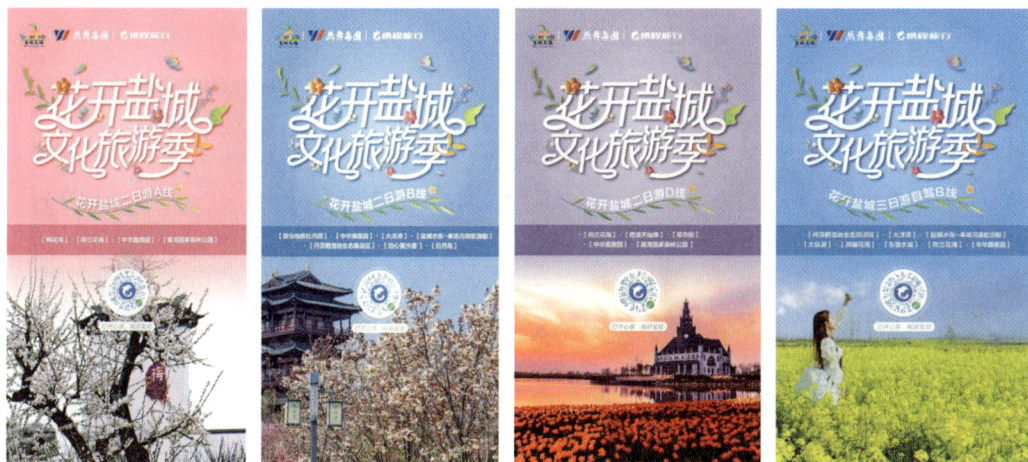

花开盐城自驾线路海报

15. 花开盐城 2 日游 C 线

大纵湖景区＋湖塘花海＋大洋湾风景区＋九龙口风景区＋渔耕渎景区＋沙庄景区

16. 花开盐城 2 日游 D 线

荷兰花海＋西溪天仙缘＋草市街＋中华麋鹿园＋黄海国家森林公园

17. 花开盐城 3 日自驾游 A 线

大洋湾风景区＋九龙口风景区＋便仓枯枝牡丹园＋荷兰花海＋中华麋鹿园＋黄海国家森林公园

18. 花开盐城 3 日自驾游 B 线

丹顶鹤湿地生态旅游区＋大洋湾风景区＋盐镇水街—串场河游船＋大纵湖景区＋湖塘花海＋东晋水城＋荷兰花海＋中华麋鹿园

（三）节庆活动

1. "盐城滋味过大年"

"滋味盐城过大年"为新春大促活动于 2021 年 12 月 14 日开启，在大促预热、大促爆发及大促长尾宣传阶段（2021 年 12 年 14 日—2022 年 2 月 10 日）共 59 天，

大促页面

宣传海报

携程官方微博宣传

携程研究院公众号宣传

主题页面搭建 7 天展示、攻略页流量支持 14 天展示、火车票首页二屏热门目的地广告植入 7 天展示，总曝光量达 4370 万人次，累计销售额达到 4337.2 万元。

数据显示，本次"滋味盐城过大年"专场直播活动，在携程平台直播间热度值达 125 万，点赞超 20 万，GMV（成交金额）达 106 万元。通过活动拉动盐城酒店产品销量环比增长 30%，门票产品销量环比增长 52%，活动期间盐城目的地在携程搜索量环比增长 18%。

2. "919 盐城超级目的地大促"直播

携程 919 旅行囤货节是携程全年优惠折扣力度最大、集合旅业品牌最多的营销活动，集平台资源、KOL 带货、明星资源、社媒平台、线下场景等全渠道资源助推。携程为此特别打造的超级目的地 IP，为参与活动的商家与目的地带来超出预想的收益。

为配合"到盐城·嗨周末"活动，携程在 919 超级目的地大促主会场搭建盐城专区定制"到盐城·嗨周末"页面。"919 大促"搭建江苏专区 7 天展示、攻略页流量支持 14 天展示、火车票首页二屏热门目的地广告植入 7 天展示的证明材料。在活动整体期内，整体曝光达 3989.6 万。

3. "花开盐城旅游达人采风"

现场邀请 4 位旅游垂类 KOL 于社交平台进行宣传，共发布活动微博 4 条，总曝光 288 万。

（四）媒体宣传

1. 星球号搭建运营

星球号主界面包括首页、全部商品、内容动态三大板块，其中内容动态又分为官方动态、大家怎么玩、推荐清单三大重要分区，作为盐城市旅游在携程平台的官方宣传窗口，全方位多角度向游客展示盐城市的旅游品牌形象，同时通过与粉丝互动为盐城市的私域流量长线蓄水。

上线盐城星球号大搜，选定"盐城""荷兰花海""中华麋鹿园"等为"到盐城·嗨周末"官方星球号搜索热度词，直接进入盐城星球号。

"花开盐城旅游达人采风"

（1）夏季主题焕新。作为"到盐城·嗨周末"主题推广季整合营销活动的载体，携程平台为盐城市打造的私域流量阵地在 8 月上线，为盐城市培养高潜力旅行用户，实现流量营销和内容创新的高效融合。"到盐城·嗨周末"星球号已打通数据榜单并进行了全新升级，以榜单指南方式为出行盐城的游客做官方热门指导，进一步促进盐城产品转化。

（2）秋季主题焕新。星球号页面装修根据秋季特色对"到盐城·嗨周末"头图进行设计换新。

夏季主题焕新

（3）冬季主题焕新。星球号页面装修根据冬季特色对"到盐城·嗨周末"头图进行设计换新，冬季温泉门票、温泉酒店、温泉线路、美食及相关攻略内容呈现。

（4）春季主题焕新。星球号页面装修根据春季特色对"到盐城·嗨周末"头图进行设计换新。

秋季主题焕新

冬季主题焕新

155

春季主题焕新

2. 线下媒体资源

（1）南京青奥双子"到盐城嗨周末"塔灯光秀一场。

（2）六列高铁列车车内桌板"到盐城·嗨周末"广告（上海—盐城，南京—盐城）。

三、主要成效

（一）上海东方卫视采访并发稿

盐城市文化广电和旅游局副局长陈锦还接受上海东方卫视采访，表达对本次活动的肯定，点出盐城作为国际湿地、沿海绿城的旅游价值，以及上海至盐城高铁开通后，盐城作为上海周边城市的文旅优势。他表示按照江苏省旅游"十四五"规划提出的要求，盐城将深入贯彻打造江苏沿海国际生态网络的目标，坚持高质量、国际化的发展，努力向国际旅游新秀城市努力。

（二）"52 个周末计划"主题产品线路

18 条线路分两次上线，第一次上线 6 条线路：3 条蓝色主题线路，3 条白色主题线路，目前上线 20 天，线路曝光量为 42165 人次；第二次上线 6 条线路：3 条蓝色主题线路，3 条白色主题线路，线路曝光量为 35268 人次；第三次上线 6 条线路，6 条为花开盐城线路，正在持续曝光中。

（三）盐城星球号全年数额

作为盐城文旅消费聚合平台载体，盐城星球号平台不间断为盐城更新展示商品和内容。在 2022 年合作中，盐城星球号主要承载盐城内容输出、直播大促活动入口等功能，通过粉丝沉淀与后链路转化，持续建设盐城文旅品牌全域运营生态。2022 年，盐城星球号全年的曝光量为 29326105 人次，销售额为 9326592 元。

活动现场

（四）盐城文旅产品GMV、旅游人次同比数据

2022年，盐城市文旅重点发展特色旅游产品，培育主题旅游线路，随着"到盐城·嗨周末"品牌的确立与发展，同比2021年人次增长82%，GMV增长79%。

专家点评

一年有52个周末、104天的可游天数。

"到盐城·嗨周末"，是一个非常清醒的自我定位和市场选择。相比之下，全国绝大多数城市并没有像盐城这样的清醒认识和实事求是的旅游目的地定位。

盐城市地处长三角北翼，高铁时代的到来和优越的区位使盐城成为长三角地区游客周末出行的热门目的地。"到盐城·嗨周末"的定位就是希望建立"盐城"与"周末"的品牌联想，让人们每逢周末都能想到盐城。长三角地区有2.35亿的常驻人口，当地经济发达，居民平均出游率高，消费水平高，是一个很大的市场金矿，充分利用一年52个周末去深挖这个市场金矿，将给盐城带来巨大的市场效益。所以，实事求是地进行目的地地位和市场选择，才是真正的科学决策。

"文旅赋能共同富裕" 推广活动

浙江省文化和旅游厅

为深入贯彻落实习近平总书记关于共同富裕的重要论述精神，研究探索文化和旅游促进共同富裕路径方法，总结推广浙江文化和旅游促进共同富裕成熟做法和成功经验，2022年12月13日，浙江省文化和旅游厅在中国丝绸博物馆举办"文旅促进共同富裕"推广活动。现场，设立了浙江11个市文旅共富体验展、"浙里文化圈"线下主题展、茶文化宋韵雅集，开设文旅共富主题分享会，上线"文旅宣传雅集"云服务平台，启动媒体宣布采风活动。

一、创意式分享，讲好共富故事

（一）"世界名画"创意助力

在文旅共富体验展上，小朋友COS世界名画的体验活动，特别吸睛，世界名画也为浙江文旅打call。一幅画能成为世界名作，也能成为推动乡村文旅发展助力共同富裕的"敲门砖"。人称"玉米姐姐"的蒋小琴，44岁，是杭州市淳安县梓桐镇杜井村一位普通的农村妇女。在前两年上海宝库艺术长廊举办的拍卖会上，她的处女作油画《玉米》经过30轮竞拍，最终以7500元成交。"一幅画，一栋房，一亩田，坐在家中就挣钱"，杭州市淳安县梓桐镇通过书画产业带动乡村共富的实践经验声名远播。牛栏与咖啡、传统与现代、艺术与经济、艺术家与村民，梓桐镇农民走上了一条与其他乡村发展截然不同的更时尚、更现代的美育文化促共富之路。蒋小琴的故事不是个案，梓桐镇走上文化共富路也非偶然。

（二）"文艺星火赋美"工程有序推进

由浙江省文化和旅游厅发起的"文艺星火赋美"工程，以美育文化为手段，以"艺术促进乡村，美育共同富裕"为目标，培育了一大批美育示范村，各村文化基因被因地制宜地"解码"和转化，呈现出各具风韵的乡村艺术之美，不断催生新的风景、新的故事。"文艺星火赋美"工程是浙江文旅发展带动共同富裕的一个缩影。叶子变票子，农家改民宿，农活融体验。湖州市安吉县小瘾半日村的发展轨迹，同样是探索乡村旅游促进共同富裕的一个生动注脚。近两年，安吉县小瘾半日村从以前的空心村，一跃成为长三角地区高端民宿网红村，离不开乡村旅游的助力。返乡设计师陈谷是众多返乡青年中的一员，他们扎根乡村，把一个即将没落的乡村重新整理一番，设计成高端民宿村落，修整老房子开设民宿，帮扶村民吃上乡村旅游饭，带动了整个小瘾半日村的红火发展。当下，在浙江，古村落老街上新韵味与烟火味交织，已成为年轻人心中向往的"灯火阑珊处"；网红乡村颜值与文化 IP 共生，一跃成为刷爆朋友圈的"爆款图"。

（三）各地共富故事精彩分享

浙江宁波通过普及"一人一艺"全民艺术，开拓了公共文化促共富发展模式；温州海岛洞头通过贝雕非遗文化工坊探索线上线下相结合销售方式，推进海岛乡村迈向共同富裕；衢州深挖南孔文化，打造了一桌南孔宴，呈上了"百县千碗"文化大餐；丽水古堰画乡，通过整合写生绘画资源，成为有名的画乡，乡村艺术促共富；舟山的海岛书房，打造新型文化空间，为市民游客营造了精神共富"栖息地"……田野、古村、民居、书房、美食、文创……近者悦，远者来，文旅促进共同富裕开创出了欣欣向荣的"蝶变空间"。

二、沉浸式展出，推进文旅融合

活动现场，精心布置了"浙里文化圈"巨型沉浸式装置的主题展，其中最为亮

活动现场

眼的是"竹海泛月"沉浸式装置。该装置宽 6 米，长 11.5 米，高 3 米，由招募的志愿者们亲手用一片片竹瓦进行搭建，打造出如同海浪一样绵延不绝的竹海景象，吸引了众多观众们打卡拍照。同时，为与会者营造了沉浸式体验场景，通过"打篆香""赏刺绣"等形式，带人穿越回宋朝，感受宋韵文化。"浙里文化圈"集看书、观展、演出、艺培、文脉、雅集、知礼七大场景主题，在此可以感受浙江各地文化，看浙江美好生活。值得一提的是，在"浙里文化圈"的线上小程序平台还能在线浏览全省博物馆、美术馆、纪念馆等 2000 多个线下展览，"云逛"600 多个线上展览，或是找到属于感兴趣的共享圈层活动，以文会友，或是聆听考古大师和非遗传承人讲述浙江历史和非遗技艺。

三、宋韵风茶艺，弘扬传统文化

宋代是物质与文化精神极其富裕的时代，宋人茶、香、衣、食更是代表了中华民族极高的审美艺术。本次活动与茶会结合，以宋人茶会的形式体验一场沉浸式茶会，以宋画《西园雅集图》作为内容背景，还原自兰亭雅集后又一著名雅会，感受当时驸马王诜府上西园内，苏轼、米芾等大家以文会友，击鼓吟唱等场景。同时结合"茶申遗"主题，邀请茶文化专家讲述节气饮茶、绿茶养颜等话题，分享传统茶品在现代生活中的品饮方式。

活画演艺最后一幕，由剧中角色在剧情中邀请出茶专家，专家着装为宋代日常服饰与现代服饰混搭穿法，体现古今交融，展示宋代服饰如何在当下生活中穿着。专家一边与演员互动一边分享传统茶品在现代生活中的品饮方式，同时讲述亲自实践申时茶的体悟心得。

四、数字化雅集，搭建沟通桥梁

抓住本次活动契机，"文旅宣传雅集"新入驻"浙里文化圈·雅集"板块。这是面向关心浙江文化和旅游发展的新闻媒体朋友开发的云服务平台，集成了活动邀约、资料分享、现场直播、会务服务、采访预约、成果展示、数据分析等功能。"浙里文化圈"自 2022 年 10 月 26 日上线至活动当天，已有 44 万余活跃注册用户，访问量也持续快速增长。之所以设立"雅集"板块，与"看书""观展""演出""艺培"等并列，目的是便于有共同兴趣爱好、互动主题的人们常态化沟通交流。各位媒体朋友处于同一条战壕，往往又因为同一场活动、同一个事件聚在一起，无疑契合"雅集"的场景。同时，为媒体量身定制推出专属云服务平台，满足媒体及时获取文旅信息和素材的需求，进一步创新政府与媒体间有效沟通的模式。

专家点评

支持浙江高质量发展建设共同富裕示范区，是以习近平同志为核心的党中央治国理政作出的重大战略决策，是贯彻落实习近平新时代中国特色社会主义思想的生动实践。浙江文旅积极落实习近平总书记关于共同富裕的重要论述精神，推出"文旅赋能共同富裕"推广活动，11 个市体验展进行联动，线上线下传播采风进行互动，让文旅赋能共同富裕的理念走到更多大众心中。尤其是在讲好功夫故事中，创新性的从文化共富助力乡村美育、文艺星火赋美助力乡村旅游、一人一艺助力公共文化发展，用创意式分享，讲好共富故事。该推广活动中，设计的"浙里文化圈"巨型沉浸式装置的主题展、以宋画《西园雅集图》为依托的宋韵风茶艺、数字化"文旅宣传雅集"，也让文旅赋能共同富裕有了更多的文化内涵和数字表现。

"皖美好味道·百县名小吃"
宣传推介活动

安徽省文化和旅游厅

　　2022年以来，安徽省委宣传部、安徽省文化和旅游厅统筹各类宣传载体和传播渠道，精心策划、组织"皖美好味道·百县名小吃"宣传推介活动，形成强大声势，产生显著效果，安徽美食持续刷屏，安徽味道香飘万里，有效扩大了徽菜文化影响，推动了餐饮、旅游消费，促进了群众就业增收。

一、活动背景

　　2021年年底，安徽省第十一次党代会明确提出要实施"皖美旅游、皖美味道、皖美消费"等行动。省委主要负责同志亲自策划点题布置省文化和旅游厅牵头开展"皖美好味道·百县名小吃"活动。

　　民以食为天，旅游六要素"吃"为先。贯彻省委主要负责同志指示要求，评选推出一批游安徽"不得不吃"的特色美食，一批"不得不进"的特色美食体验店、体验街区，一批"不得不游"的特色美食旅游线路。在此基础上，省市县联动、政企媒

宣传海报

互动，统筹开展"皖美好味道·百县名小吃"宣传推介活动，以"小切口"做"大文章"，以"舌尖"带动"脚尖"，合力打造企业与群众广泛参与、国内知名度高的"皖美好味道"美食品牌，为疫情防控常态化下恢复文旅消费、提振行业信心注入了强劲动力。

二、主要做法

（一）用"接地气"的产品吸引吃货点赞"打 call"

突出"特色、家常、小吃、群众性"，通过组织比赛、邀请行业协会、餐饮专家、媒体单位推选等方式，在县级推荐、市级初选的基础上，省文化和旅游厅、省商务厅、省管局评审推出"皖美好味道·百县名小吃"省级特色美食 200 道、特色美食体验店 100 家、体验街区 10 个、美食村 70 个、特色美食旅游线路 20 条。

按照"一道菜品、一张图片、一个食材构成、一套工艺流程、一个文化故事"模式，编印《皖美好味道·百县名小吃》宣传画册 34000 册，分送文化和旅游部、省市县党政机关、部分省区市文化和旅游主管部门，并在全省重点旅游景区、旅游饭店、民宿和交通站点摆放；统筹电视、广播、网络等媒体，开设《皖美好味道·百县名小吃》专栏节目，开展"跟着美食游安徽"宣传，生动讲述安徽美食故

"皖美好味道·百县名小吃"省级特色美食——徽州刀板香

事，广泛传播"舌尖上的美好安徽元素"，并通过社交网络广泛传播，助推特色美食进入千家万户，吸引众多网民打卡消费。

（二）用"过眼瘾"的短视频吸引网民围观互动

抢抓短视频风口，招募近百人的安徽文旅短视频创作者队伍，开设"#皖美好味道#"抖音话题，累计创作发布短视频 2100 余条，这些短视频以探店、尝鲜、"原味"见长，还原美食制作过程，刺激人们味蕾，话题总播放量 1.4 亿次，点赞、收藏、转发近 2000 万次。

带动众多网络大 V、美食博主制作传播爆款短视频，引发网民转评赞和二次转播，抖音博主"麦总去哪吃"发布的安徽各地美食试吃打卡系列故事，总播放量达到 1.2 亿次；"狼哥玩转宣城"发布的《制作欢团　皖南传统美食》、"金童化十"发布的《这样的年味儿　你们城里人羡慕了吗？》，点赞量分别达到 2.8 万次、1.4 万次。西瓜视频播放的《安徽淮南，曹庵特色公鸡贴馍》，播放量 95 万次、评论 1600 多条。滁州市创新打造的融媒体书籍《二十四节气里的滁州味道》，每期视频阅读量均超百万。

安徽文旅海外新媒体（安徽文旅推特、脸书、照片墙、海外抖音账号）平台推送美食图文、短视频 400 余条，阅读量近 500 万次，各种讨论活泼热烈，"看完口水都从眼睛里流出来了""一碗人间烟火，最抚凡人心""美食在安徽有无数种打开方式""没想到安徽竟然藏着一片美食江湖""'徽'之不去的舌尖情怀，尽在安徽"，网民直呼"过眼瘾"、盼着"饱口福"，形成线上线下、省内省外、圈内圈外高频互动、持续热议的浓厚氛围。

抖音#皖美好味道#话题总播放量 1.4 亿次

抖音高赞视频《制作欢团　皖南传统美食》《这样的年味儿　你们城里人羡慕了吗？》

西瓜视频《安徽淮南，曹庵特色公鸡贴馍》

滁州市融媒体书籍《二十四节气里的滁州味道》

（三）用"饱口福"的活动吸引大众寻味探店

省市县联动、政企媒互动，在省内外组织特色美食大赛、品鉴、培训和"进景区、进街区、进高速服务区、进食堂、进饭店、进民宿、进旅行社团餐"等旅游宣传推广活动 300 余场次，激发大众探店品鉴热潮。黄山市以"皖美好味道　百县名小吃　徽菜行天下"为主题，开展徽菜名店名厨进街（社）区活动线 20 余场次，抖音美食直播 9 场次，立体展示徽菜名厨才艺、发布优惠政策、讲述特色美食故事，线上线下围观量超过 400 万次。宣城市举办"徽菜名天下　绩溪有味道"第九届徽菜美食文化旅游节，联动开展美食文化活动、美食吃播直播、徽菜美食展示活动等近 20 场系列美食文化旅游活动。芜湖市举办"皖美好味道·百县名小吃"美食展销活动，邀请芜湖本地及全省其他 15 个地市的知名企业、非遗产品、特色小吃共 30 家进行展示展销，组成"皖美好味道·百县名小吃"美食一条街，吸引广大市民游客前来打卡品鉴。宿州市开展"皖美好味道·百县名小吃"风味宿州特色美食品鉴活动，让更多人了解宿州美食文化魅力。

（四）用"立体化"的宣传引爆话题流量

据不完全统计，各类媒体累计发布"皖美好味道"图文、短视频 160 万篇（条），累计阅读量超过 5 亿次。传播对象上，宣传推介活动紧紧抓住核心受众——

黄山"皖美好味道　百县名小吃　徽菜行天下"活动现场

省内外普通游客，去除官方腔调，以群众视角探寻美食魅力，令人耳目一新、喜闻乐见。传播内容上，用散文诗般的语言，精美图片，充满生活气息的短视频，牢牢抓住了受众的视觉、听觉和潜在的味觉。传播渠道上，充分运用微信、微博、抖音、小红书、今日头条、一点资讯等聚集人气的平台，以平实的笔调谈美食、话家常，引流效果十分明显。传播技巧上，传统媒体、新媒体并用，省市县官方文旅矩阵统一步调，网络大 V、美食博主协同发力，中央媒体、省内媒体、省外媒体纷纷报道，移动传播、视频传播、互动传播、社交传播多手并用，增强宣传推介的带入感、体验感、愉悦感。

三、主要成效

（一）打响了安徽美食旅游品牌

通过实施"皖美好味道·百县名小吃"宣传推介活动，推出了一批厚植亲情乡愁的家乡菜、名小吃，勾起了家乡群众的"乡愁"和网民"馋虫"，带动了网民自发生产了一大批色香味俱全的图文、短视频，撬动了亿万自媒体传播，得到四海游客的追捧，引发了主流媒体的关注，以小的切口、小的代价获取了绵延不断的"流量密码"，整体呈现渠道全、数量多、质量优、传播广、互动强的传播特点。特别是央媒广泛关注，《人民日报》、新华社、中国新闻社、中央广播电视总台、人民网、新华网、光明网等报道超 5000 篇（条），相关视频网络点击量超8000 万次。CCTV-2《中国八大菜系》为安徽量身打造"皖美好味道"之皖南、皖江、皖中、淮河、皖北五个篇章美食专辑，2023 年春节前后，CCTV-13《新闻直播间》栏目报道黄山祁门炸麻花、CCTV-2《一起午夜饭》专题烹制黄山鲜鳜鱼、臭干等。

（二）繁荣餐饮旅游消费大市场

按照"政府引导、企业主体、市场运作"的原则，推动各类餐饮经营特色美食（小吃），推动特色美食体验店入驻街区、特色美食进饭店（民宿）、进景区、进乡村，

CCTV-2《中国八大菜系》之徽菜专辑

推动提升餐饮产业集聚区。输出特色美食体验街区——合肥罍街经营模式，打造安徽经典名菜名点一条街，推动餐饮、旅游消费，拉动群众就业，增加群众收入。利用美团、饿了么等平台，推进特色美食进万家，引导大众线上预订、线下消费。据抽样统计，2022年，"皖美好味道·百县名小吃"特色美食菜品点单率较上年增长1倍以上，部分菜品销售大幅增长，以寻味美食为目的的游客增长10%以上，在疫情冲击下成为促消费、稳就业的亮点。天长市秦栏卤鹅线上、线下销售90.5万只，销售额1.13亿元，配套开发的"千秋宴"预制菜销售10080盒，销售额249.98万元。徽州臭鳜鱼成为五湖四海游客的伴手礼，年销售额40多亿；刀板香、毛豆腐、蟹壳黄、徽州馄饨等特色风味小吃年销售额超10亿元。

（三）助推文化旅游走出去

借助国家和省内外重大活动，开展"皖美好味道"特色美食展示品鉴活动，进入国务院总理同主要国际经济机构负责人"1+6"圆桌对话会、第三次阿富汗邻国外长会议、世界制造业大会、长三角绿色食品加工业（小岗）大会、第四届大运河文化旅游博览会等重大活动，受到了参会政要和嘉宾的高度赞扬。通过"皖美好味

臭鳜鱼预制菜礼盒

"皖美好味道·百县名小吃"亮相第四届大运河文化旅游博览会

道",传播徽风皖韵,讲好中国故事安徽篇章,展现安徽文旅蓬勃向上的发展风貌,让外国民众在欣赏品味安徽特色美食、家常小吃的过程中,感受徽菜文化魅力,加深对中华优秀传统文化的认识和理解。

专家点评

　　"皖美好味道·百县名小吃"活动依托安徽省提出的"皖美旅游、皖美味道、皖美消费"行动,由省文化和旅游厅牵头开展。该活动用评选促内容,产生一批游安徽"不得不吃"的特色美食,一批"不得不进"的特色美食体验店、体验街区,一批"不得不游"的特色美食旅游线路。在丰富的内容基础上,以"小切口"做"大文章",以"舌尖"带动"脚尖",开展丰富的线上线下宣传推广,合力打造"皖美好味道"美食品牌。活动用"接地气"的产品吸引吃货点赞"打 call"、用"过眼瘾"的短视频吸引网民围观互动、用"饱口福"的活动吸引大众寻味探店、用"立体化"的宣传引爆话题流量,打响了安徽美食旅游品牌,线上线下促进了美食消费,尤其是紧扣国家和省内外重大活动契机,也助力文化旅游走出去,让舌尖上的皖美好味道成为口口相传的好品牌。

"王者荣耀 X 滕王阁"
南昌文旅营销

江西省南昌市滕王阁管理处

一、案例简介

党的二十大报告中提出，实施国家文化数字化战略，实施重大文化产业项目带动战略，加大文物和文化遗产保护力度，加强城乡建设中历史文化保护传承，坚持以文塑旅、以旅彰文，推进文化和旅游深度融合发展。南昌作为享誉全国的国家历史文化名城，拥有以滕王阁为首的众多历史人文景观，又因毗邻鄱阳湖等物产丰富

滕王阁

的自然环境，自古便被誉为"物华天宝，人杰地灵"之地。近年，南昌市将推进文旅融合发展作为城市发展重点之一，此次南昌文旅与《王者荣耀》深度合作，通过数字娱乐手段活化和创新在地文化，丰富体验感官、创新体验方式，引导玩家在娱乐的同时更好地接受传统文化，以"文旅融合"思路推进了"IP+ 数字化 + 旅游"跨界发展的新篇章。

二、创新亮点

（一）以高品质的文创研发，助推南昌本土 IP 曝光

南昌文旅联合《王者荣耀》，围绕千古名篇《滕王阁序》，聚焦序、人、阁的文化价值层次拆解，提炼"文章生命力"与"少年青云志"的美学意象，在游戏内设计推出"弈星滕王阁序"主题皮肤，以文创皮肤为基点，向青年群体传承文化之美，落实数字赋能，实现文创产品与正向价值的有机统一。此外，还为滕王阁量身打造《王者荣耀》定制版光影秀，将"峡谷英雄弈星"作为滕王阁的文旅大使，弈星形象的虚拟人导览长期入驻滕王阁景区。通过灯光秀和虚拟人导览的长线融入景区体验，在游戏 IP 与数字技术的双重加持下，滕王阁被赋予新的体验场景，游客的视觉、听觉、触觉被共时调动，进一步沉浸感知《滕王阁序》和滕王阁的故事。

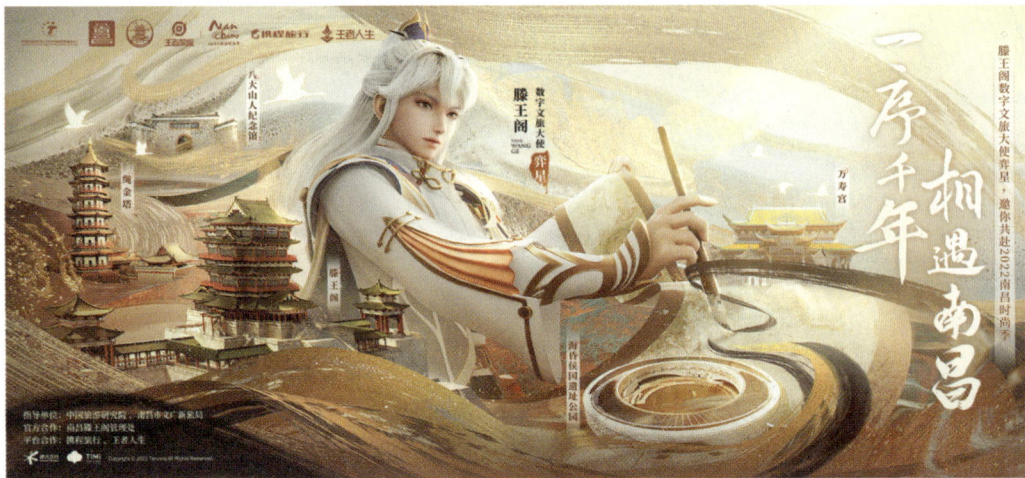

"弈星滕王阁序"主题皮肤宣传海报

（二）以多维度的作品传播，推动活动热度升温

聚焦国庆假期，线上宣发与线下文旅节点深度融合，推出了基于"《王者荣耀》×滕王阁"文旅合作计划的系列营销活动。2022年6月，发布南昌文旅与《王者荣耀》合作信息，提升南昌城市关注度；国庆前夕，放出皮肤美宣海报及爆料视频，持续登上新浪微博热搜前十，引发玩家与游客对滕王阁及《滕王阁序》的热议；邀请知名歌手林志炫为《滕王阁序》创作同名主题歌曲，并在国庆期间与文创皮肤同步正式上线；同步邀请游戏赛道、视频赛道KOL，以及当红明星徐海乔、张宸逍等拍摄二次创作视频，借势当时娱乐热点《苍兰决》，联合王者生态作者，进一步扩大活动影响力和关注度；在各大新媒体平台开展话题营销，推出了#王者滕王阁联动皮肤#弈星滕王阁序#背滕王阁序难不倒峡谷人#林志炫新歌滕王阁序#峡谷四大才子变装#滕王阁序国风变装#徐海乔首次COS太绝了等话题矩阵。

（三）以强热度的宣传效应，助力文旅线路产品推广

抓住本次营销活动契机，南昌文旅携手《王者荣耀》、携程旅行，以滕王阁头部资源带动，腾讯游戏重磅IP赋能，头部OTA支撑，开辟五条南昌经典文旅线路，

"王者荣耀 × 滕王阁"整体营销宣发进程

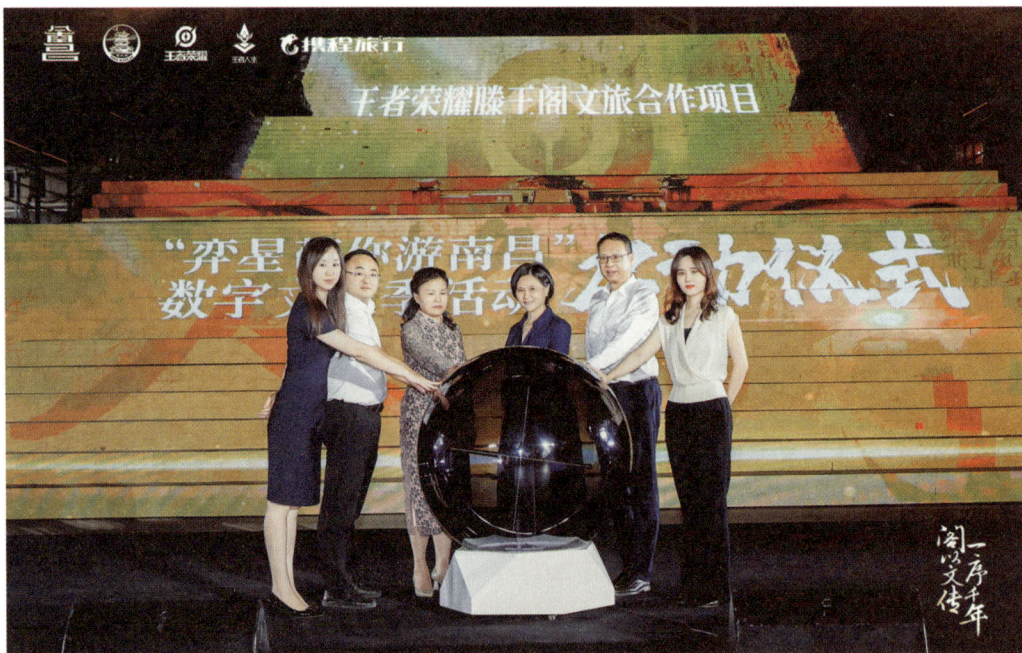

"王者荣耀 × 滕王阁"文旅合作项目启动仪式现场

重点连接市内景点包括滕王阁、汉代海昏侯国遗址公园、万寿宫历史文化街区、八一起义纪念馆、江西省博物馆等南昌及江西文旅资源，为游客提供市内及省内的多种游玩选择。省内游则将包括滕王阁、流坑古村、鄱阳湖国家湿地公园、东浒寨、莲花山国家森林公园等景区跟团游。OTA 相关统计数据显示，定制的三款旅游产品中，江西旅游套餐产品 GMV 达 1500 万元，比两周前增幅 280%，比上年订单量上升 20%；南昌旅游套餐产品 GMV 达 300 万元，比两周前增幅 310%，比上年订单量上升 20%；滕王阁景区门票订票量 GMV 达 28.9 万元，比两周前增幅 291%。

三、宣传成效

在本次联动中，南昌文旅携手《王者荣耀》通过推出"弈星滕王阁序"主题皮肤、"重读《滕王阁序》，感受名楼之美""弈星带你游南昌""夜游滕王阁·弈星灯光秀"等具体落地活动与场景，构建虚拟与现实的桥梁，助力实体产业数字化营

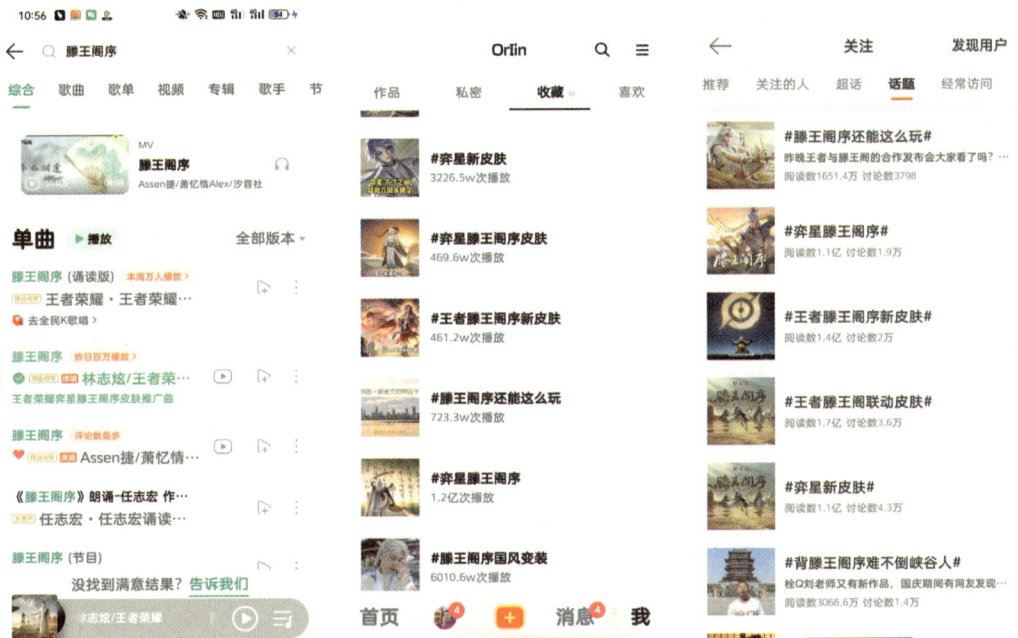

新媒体平台话题热度截图

销，实现多维度多视角的灵活接触，唤起公众对于建筑、文学、历史的"集体记忆"。全网登录各类热榜总计42次，话题热度超过10亿，仅微博及抖音双平台相关话题矩阵流量即超过8亿，中国旅游研究院撰写内参报告，光明网、央广网、环球网等纷纷报道，全网各大自媒体均推出相关创作视频，由林志炫演唱的歌曲《滕王阁序》单日播放量超过百万，受到广大网友好评。本次营销活动极大提升了南昌城市旅游品牌在全国的声量级和热度，根据中国旅游研究院内参报告中的抽样调查显示，了解到"弈星带你游南昌"文旅季活动后，想去实地旅行的受访者，占到63.2%，想去的具体原因，主要包括"王者荣耀是我喜欢的游戏，跨次元联动活动很新颖"，以及"对滕王阁这类古建筑和滕王阁背后历史很感兴趣"。

此外，本次营销联动打造的"背序事件"，在微博、B站、抖音三大社媒平台出现多个高位热搜，包括微博活动热搜最高位达6位，在榜时长达8小时；B站累计热搜2个，内容均为背序相关活动；短视频渠道累计自然＋上升热搜2个，均为背序活动强相关。2022年10月4日活动大推后，背序免费入园及购票入园的人数均呈上涨趋势。本次营销活动的长期效应一直持续至2023年，"五一"小长假再度引发了全国青年"特种兵"式打卡滕王阁的热潮，南昌登上同程公布的《五一旅游热度飙升榜》前十，成为全网热议的新晋网红城市。

专家点评

　　"王者荣耀 × 滕王阁"南昌文旅合作活动，通过游戏与古建景区结合、旅游景区与元宇宙对接，体现了数字经济与旅游实体经济融合发展。作为南昌最具代表意义的"城市 IP"——"江南名楼"滕王阁，旅游发展不仅承载了文旅融合的重任，还担负着省会城市地标的巨大责任。该活动创造性地用时尚的电竞游戏"王者荣耀"与四大名楼之一"滕王阁"进行关联，用数字科技赋予历史名楼新鲜血液，用"文旅融合"思路推进了"IP+ 数字化 + 旅游"跨界融合。不仅有电竞市场喜爱的主题皮肤、"滕王阁数字文旅大使"，而且有携程平台策划的数字文旅季和线下文旅线路、《王者荣耀》参与共创的"夜游滕王阁·弈星灯光秀"等游戏主题数字体验内容，还有市场号召力强的知名歌手演唱的以《滕王阁序》为主题创作的同名歌曲、当红明星、游戏和视频赛道 KOL 等主题短视频。强强联合的宣传推广策略，让该活动成为线上线下吸引巨大流量的年度优秀案例。

"嗨游青岛·悦享冬季"主题营销活动

山东省青岛市文化和旅游局

一、导语

山、海、湾、城交相辉映的美景，蕴藏了百年青岛风华正茂的青春底色，彰显了其时尚现代的风流韵味，也推动着这座国家沿海中心城市文旅产业发展行稳致远。

活动启动现场

活动启动现场

2022 年，青岛市文化和旅游局着力挖掘内需潜力、增强产业实力、激发经济活力、提升转型动力、厚植民生保障能力，深入开展全市旅游品质提升三年攻坚行动。

举办"嗨游青岛·悦享冬季"全市冬季文化旅游系列活动，是青岛深入实施全域旅游战略、推动文旅融合高质量发展、推动文旅经济复苏的一项重要举措，也是冬游齐鲁活动的重要组成部分。"嗨游青岛·悦享冬季"主题营销活动自 2022 年 1 月 13 日启动，针对青岛冬季旅游资源特点，打造温泉养生、滑雪运动、民俗文化等一系列主题鲜明、内容丰富、形式多样的旅游产品和节会活动，同时创新线上线下结合方式加大普惠共享力度，为市民游客提供冬游实惠新选择，共计推出特色活动 139 项、优惠措施 54 项、年货大集 35 项、温泉产品 15 项、冰雪产品 21 项，实现十区（市）文旅资源全域联动。活动举办时间延续到 3 月。

活动启动现场

二、具体做法

（一）亮点内容

1. 精品活动整合推广，让品牌形象深入人心

"嗨游青岛·悦享冬季"八大主题、36条特色线路、139项特色活动开启的文旅盛宴，持续点燃青岛冬季旅游市场。配合全市"嗨游青岛·悦享冬季"活动，市南首届逛街里节、市北大鲍岛新春民俗文化节暨"嗨游青岛·冬遇市北"活动启动仪式、即墨古城"嗨游青岛·古城新春灯会"分会场、城阳吕家庄夜市"嗨游青岛·潮游城阳"分会场等，让青岛春节民俗老味道成为文旅新亮点；区市文旅年货

179

八大主题场景海报

市集展示同步开启，以特有的方式串联岛城特色文旅资源，持续丰富"青岛好礼"内容，让青岛特色文旅好品走进千家万户；面向区市组织的"文旅公益送福"活动，还面对面送上文旅优惠政策、特色产品和"文旅大礼包"，推动区市城乡互动互游，实现文旅发展成果共享。

2. 深耕优质内容，打造爆款视频

"嗨游青岛·悦享冬季"主题营销活动更加注重产品和线路的品质及宣传推

系列活动宣传图

广，聚焦不同客群个性化需求，接续发布"悦享温泉之旅"等冬游主题沉浸式攻略短视频 8 条，为广大市民游客带来丰富多元的出游体验："带爸妈冬游青岛"打卡攻略，契合家庭或亲朋结伴自由行需求；"与外国朋友逛年俗大集"短视频连续登陆某视频平台热搜榜单，助力青岛年俗文化国际化传播；联合《iDOU 爱兜》旅行杂志推出歌者希林娜依·高"悦享美宿之旅"，发挥明星效应引领年轻化群体时尚消费风潮。

3. 多层级联动，形成推广矩阵

邀请青岛日记、青岛大表哥等一众国家级金牌导游主播在栈桥等青岛地标景区进行系列直播，讲述青岛文化故事，让全国各地观众可在"云上"感受宜游青岛的自然风光及文化底蕴，吸引观众达到百万人次。

（二）宣传推广模式

打通线上线下场景，助力文旅复苏。瞄准消费端发力文旅新经济，"嗨游青岛·悦享冬季"将青岛冬季特色旅游产品多平台释放。盘活全域旅游资源，持续放大流量效应，青岛把握流量热度推进转化力度，联合多家官方媒体围绕"嗨游青岛·悦享冬季"主题产品开展系列直播嘉年华，带领游客不断解锁冬游新玩法；联合青岛电视台、凤凰网青岛重磅上线"嗨游青岛·悦享冬季"线上专题，以图文、视频、直播多媒体形式多维呈现青岛冬游魅力；持续加推线上话题，打造更多优质创意主题短视频，广泛引起游客情感共鸣，放大"嗨游青岛·悦享冬季"品牌传播效应。

八大主题场景展板图

在全国范围开启冬季摄影大赛火热征集，吸引更多人主动参与传递青岛冬季之美，营造"嗨游青岛·悦享冬季"浓郁氛围。以优质体验内容为引，辐射青岛周边省市客源，满足市民游客本地游、短途游、深度游的消费需求，将线上流量转化为线下行动促进青岛旅游市场供需两旺、快速回暖，迎接青岛文旅春天。

三、主要成效

（一）创新线上营销方式，打响"冬游青岛"旅游品牌

随着冬季旅游市场的逐渐升温，疫情防控政策不断优化调整，青岛市文化和旅游局更加注重产品、线路的品质及宣传推广。春节期间，创新升级的奥帆中心往返海底世界新航线和极地海洋公园等强势登陆央视新闻直播间；创设的线上话题"#这个冬天总要来趟青岛吧#"，截至目前，在短视频平台吸引原创短视频创作500余条，浏览量突破5亿人次，助力"嗨游青岛·悦享冬季"品牌实现全国触达曝光。

（二）加大市场普惠力度，活跃冬季文旅市场

冬季是青岛市传统旅游淡季。2022 年，青岛市文化和旅游局加大"嗨游青岛·悦享冬季"普惠活动力度，丰富活动内容，创新营销宣传方式，广泛发动全市文化和旅游企事业单位参与，惠及市民游客及文旅企业。整个冬游活动期间，联动媒体全方位开展线上话题造势及线下特色主题活动宣传，运用短视频带货、达人云游直播等多种方式，直接带动景区冬季旅游产品线上销售额达 1023.39 万元，实现冬季文旅线上消费新突破。

（三）"冷资源"焕发"热效应"，推动旅游市场强劲复苏

据不完全统计，春节黄金周期间，崂山风景区、海底世界、青岛啤酒博物馆等重点景区接待游客人数分别为 10.03 万人次、6 万人次、1.17 万人次，同比分别上涨 40.74%、9.99%、71.58%。极地海洋世界、方特梦幻王国和青岛啤酒博物馆等景区分别实现营业收入 1945.77 万元、458.54 万元和 72.60 万元，海泉湾度假区实现营收 260 万元，线上占比达 60%，实现了游客人数和营业收入的双增长，为全年文旅经济发展赢得了"开门红"。

专家点评

"嗨游青岛·悦享冬季"全市冬季文化旅游系列活动，是青岛深入实施全域旅游战略、推动文旅融合高质量发展、推动文旅经济复苏的一项重要举措，也是冬游齐鲁活动的重要组成部分。活动的八大主题、36 条特色线路、139 项特色活动开启的文旅盛宴，持续点燃青岛冬季旅游市场，聚焦本地家庭游、青年群体、海外游客等不同客群个性化需求，联动短视频平台、当红明星、旅行杂志，推出爆款内容，形成宣传推广矩阵，广泛引起游客情感共鸣，放大"嗨游青岛·悦享冬季"品牌传播效应，"嗨游青岛·悦享冬季"品牌实现全国触达曝光，成为具有全国影响力的优秀推广案例。同时，活动满足市民游客本地游、短途游、深度游的消费需求，也带动景区冬季旅游消费新突破，实现了优秀宣传效果向优秀消费成果的转化。

"宋潮生活之旅"
品牌体系工程

河南省开封市文化广电和旅游局

　　宋文化是开封厚重历史文化的精魂所在，是其新时代发展文化旅游的不竭动力
和源泉。长期以来，开封持续加大宋文化品牌开发力度，丰富宋文化内涵，打造宋
文化IP，不断提升开封宋文化在全国和世界的知名度，努力把宋文化打造成与西安

大宋御河

汴梁小宋城

的汉唐文化、北京的明清文化三足鼎立的知名文化品牌。特别是近两年，围绕"一都一城"的目标定位和"一城宋韵　东京梦华"的主题形象，开封市立足特色优势，坚定不移地做强做大"宋文化品牌"。

随着文旅融合的不断加强和深入，现代的旅游已经进入主客共享、深度体验模式，走马观花景点打卡已经成为过去时。在这种形势下，开封创新思维，因势利导，提出了打造"宋潮生活之旅"品牌体系工程，力图通过抓实开封宋文化资源，突出开封宋文化的历史价值和时代价值，通过系统化工程的运作，构建层次分明、衔接有序的项目推进体系，让开封的宋文化基因脉络清晰起来、活化起来，同时，真正融入社区生活和文旅体验，拓展新的文旅消费空间，带动开封文旅软实力的提升，更好地塑造"一城宋韵·东京梦华"主题形象。

一、主要做法

（一）顶层设计

宋朝文化记忆之于开封，有着丰富的资源和呈现，有着太多可以挖掘的点、线、面，如何能够真正让优秀文化基因活起来，真正将文化、旅游与人们的生活融合。开封市文化广电和旅游局以"宋文化"品牌为核心，打造将宋式美学的生活态度以"生活在宋朝"的穿越式、体验式旅游产品为载体，活化历史基因，一以贯之贯彻文旅文创融合发展战略。

定名"宋潮生活之旅"。阐释为：宋潮，是宋代巅峰文学艺术之浪潮，是宋代

宋潮生活之旅体验基地

人文生活美学价值的风潮，是宋代格物致知理学的思潮，是华夏家国情怀的领潮，是宋代与现代生活碰撞出来的国潮。宋潮，以文化艺术为载体，通过文学、诗词、书法、绘画、音乐、思想等，描绘了中国人千年来的审美蓝图；宋潮，以生活方式为诉求，通过挂画、焚香、点茶、插花、风物、雅集、美食、民俗等，表达了延续至今的国人生活价值观。

（二）制定标准

经过调研、走访、专家座谈等方式，锚定目标，根据国家相关标准、品牌需求、企业经营状态制定了《宋潮生活之旅体验基地、体验点评定规范》。

（三）调研审定

由开封市文化广电和旅游局牵头，组织宋史学者、院校教授、旅游界专家组成调研团，通过明查，即调研团对入围体验基地、体验点进行了实地考察，体验项目并与经营者座谈；暗访，即调研团在明查前，由专业人士以普通游客身份进行暗访，以了解实际情况与申报描述的差距和问题，并从文化传承与展示、生活美学体验、旅游产品打造、市场推广等方面对拟培育对象存在的问题提出针对性、建设性意见建议，明确了各点位整改提升的方向。最终，由专家组对申报体验基地、体验点进行了全方位的实地调研和打分评定，评定首批"宋潮生活之旅体验基地（点）"15家。

开封市双龙巷历史文化街区

（四）统一标志及 VI 体系

根据顶层设计和项目定位，结合"宋文化"象征性元素和标志性色彩，策划设计了"宋潮生活之旅"标志及 VI（视觉应用传达）体系；依据入围体验基地和体验点，系统性、分类性重新进行简介、主宣、文化价值点的分解文案策划和视觉传达设计，给予每个入选体验基地、体验点，进行场景升级、体验项目开发等的建议。

二、项目成效

"宋潮生活之旅"品牌体系的打造是开封市文化广电和旅游局审时度势、应势而动，持续做大做强宋文化品牌的又一重大举措，通过打造一批拥有独特文化标识、体验感强、展示空间充足的小而美城市文旅生活新空间，开发"定制游"文旅产品，营造"大众旅游，处处旅游"的消费环境，推动旅行社地接经济的经营转型和小微文旅企业提质升级，更好满足游客体验式、沉浸式、交互式的消费需求，形成一批文旅特色新产品，激发城市文旅消费新动能，让天下"宋粉"聚开封，助力开封打造"近者悦、远者来"的世界历史文化名都、国际文化旅游名城。

开封市文化广电和旅游局通过持续探索品牌提升，扩大宣传，2023 年春节期间，开封市文旅市场接待量创历史新高，全市接待国内旅游出游 714.16 万人次，同

清明上河园

比增长 624.7%；实现国内旅游收入 348125.9 万元，同比增长 801.9%。与 2019 年相比，全市接待量同比增长 145%，文旅综合收入同比增长 107%。同时，依托"宋潮生活之旅体验基地（点）"设计的定制游旅游线路推向市场，引起关注。"定制旅行""专家讲解"深受来汴游客的喜爱。

三、经验启示

（一）经验

（1）项目的启动，提高了"宋文化看开封"社会共识；

（2）项目实施过程中，激发了各文旅企业的积极性，由过去的自上而下推动，到当前的自下而上的积极响应；

（3）应征和入选单位，不仅包括景区，还涵盖社会经营场所，提高全社会对文旅融合意义的理解，大众旅游时代，让"诗和远方"更加触手可及。

（二）启示

（1）"宋潮生活之旅"项目的策划、执行和运作，无法一蹴而就，必定是一个长期的过程，品牌的成长一定是伴随着体验基地、体验点的成长；

（2）建立政府、媒体、专家、文旅企业四位一体的智库，为品牌建设、推广和发展集思广益和协助传播。

　　"宋潮生活之旅"品牌体系打造作为开封市文化广电和旅游局的创新之举，任重道远。其中涉及的方方面面都紧贴当前文旅融合的要点，随着项目的推进，相信能够让宋文化内涵渗透到文旅生活中去，全力塑造"一城宋韵·东京梦华"的开封文旅主题形象。

专家点评

　　近年河南对国潮风与旅游融合研究和创新宣推屡创新高，厚重的开封宋文化与时尚的当代潮生活相遇，开封市文化广电和旅游局借势策划了"宋潮生活之旅"品牌体系推广宣传，不仅活化了"宋文化"，更清晰了基因脉络，极大地赋能了"一城宋韵·东京梦华"主题形象。"宋潮生活之旅"品牌体系工程通过顶层设计，主打核心"宋文化"品牌，将宋式美学的生活态度以"生活在宋朝"的穿越式、体验式旅游产品为载体，融合了文化和旅游要点；通过《宋潮生活之旅体验基地、体验点评定规范》标准制定，对后续发展进行了规范化管理；通过走访调研和评选，用"宋潮生活之旅体验基地（点）"引领实践；通过统一视觉识别体系，表达和传递"宋潮生活之旅"理念。该品牌的打造，将宋潮生活与开封自然结合，赋予了厚重开封以新鲜活力。

"洛阳 IP 联动计划" 文旅宣传项目

河南省洛阳市文化广电和旅游局

2022 年，洛阳市与爱奇艺合作开展了"洛阳 IP 联动计划"，通过剧集《风起洛阳》、人文综艺《登场了！洛阳》、纪录片《神都洛阳》等 12 个分项次第开发，构建了地方政府和内容平台合作的"洛阳 IP 宇宙"。洛阳市通过联动开展"风起洛阳，探秘神都"线下文旅活动，把城市品牌的宣传势能转换成文旅产业的发展动能，现将有关情况汇报如下。

一、产业现状

"若问古今兴废事，请君只看洛阳城。"以洛阳为中心的河洛地区是"最早的中国"，13 个王朝在此建都，105 位帝王在此执政，洛阳是我国建都最早、历时最长、朝代最多的都城。洛阳文化遗存灿若星河，自然风光旖旎绚丽。现有龙门石窟、丝绸之路、中国大运河等世界文化遗产 3 项 6 处，黛眉山、龙潭大峡谷世界地质公园，5A 级旅游景区 5 家，4A 级旅游景区 30 家，国家级文保单位 51 处，非物质文化遗产 1258 项。2022 年，洛阳接待游客 8058.37 万人次，实现旅游总收入 605.02 亿元，35 岁以下的游客占比超过 60%。

洛邑古城华夏古城宇宙主题墙绘

二、项目背景

历史和自然为洛阳留下了丰厚的文旅资源，也鞭策着文旅产业发展和城市品牌建设百尺竿头更进一步。近年来，洛阳市围绕落实习近平总书记"讲好黄河故事、弘扬中华优秀传统文化"等重要论述，坚持"颠覆性创意、沉浸式体验、年轻化消费"发展思路，推动引客入洛、促进文旅消费、打造青年友好型城市。

爱奇艺是国内知名视频网站和高品质内容服务提供商，"洛阳 IP 联动计划"是其"华夏古城宇宙"系列开山之作，旨在传承弘扬传统文化、古都历史，为全国游客构建出培育城市品牌、赋能文旅产业的"洛阳 IP 宇宙"，通过"矩阵式"内容"种草"解决旅游目的地城市"一次性宣传"的机制痛点。

三、重点工作

"洛阳 IP 联动计划"是互联网内容平台的一个创举和商业模式革新，通过电影、剧集、游戏、衍生品、舞台剧、动画、综艺、文学、纪录片、漫画、商业、VR 全感 12 个领域进行细分开发，助推城市品牌重塑和长尾宣传效应。

（一）影视剧《风起洛阳》

《风起洛阳》总投资 3.2 亿元，是系列项目中的核心 IP 和牵头项目。改编自作家马伯庸的《洛阳》，讲述武周时期洛阳发生的悬疑故事，对唐代历史文化和隋唐洛阳城的风貌进行历史还原和艺术再现。该剧由青枚编剧，谢泽导演，黄轩、宋茜和洛阳籍青年演员王一博主演，共复原 100 多处场景，动用群众演员 2.5 万人次、服装道具 2 万余组，回归中国传统美学，力图还原"神都 109 坊"的城建布局、南市贸易的包罗万象。再现神都洛阳水席、羊肉汤等市井民俗，复刻太初宫、仙居殿、天堂、龙门等城市地标。

《风起洛阳》以及洛阳相关话题在全媒体、各平台热搜，新浪微博平台主话题阅读量超 41 亿次，讨论量 5.5 亿次；共斩获 26 个猫眼"热度日冠"；微博、抖音、快手、虎扑、微视、lofter 等全网综合热搜话题 1000 余个，榜首共 315 次，《人民日报》《光明日报》、新华社等媒体正面报道。

（二）人文综艺节目《登场了！洛阳》

《登场了！洛阳》总投资约 4800 万元，节目由主持人汪涵领队，唐九洲、李浩源等艺人为探索团成员，王一博、宋轶、秦海璐等艺人参演。节目以最早的中国、

《风起洛阳》发布会

《登场了！洛阳》海报

神都夜宴、古墓文化、洛阳文风、洛阳美学、城市营造、女皇传奇、根在河洛八个主题让千年洛阳青春登场。同步摄制了衍生剧《洛阳秘事》，考古盲盒、联名 T 恤等文创产品开发。

"汪涵是怎么夸奖洛阳的""复原永宁寺塔""洛阳文化旅游推广大使"等数百个话题先后收获全网 676 次热搜，其中微博热搜榜 266 次，阅读量近 20 亿次。

（三）历史文化纪录片《神都洛阳》

《神都洛阳》以纪录片视角，采用"实地拍摄 + 故事再现 + 动画制作"相结合的表现手法，展示了隋唐洛阳城、龙门石窟、白马寺等几十处特色场景，以及武则天、狄仁杰、上官婉儿等知名历史人物和众多小人物，多维度记录和呈现武周时期都城洛阳的烟火生活、民俗百态。

（四）全感互动电影《风起洛阳》VR

2022 年在隋唐洛阳城签约，计划 2023 年牡丹文化节期间向游客开放。《风起洛

活动推广大使

阳》VR 项目将线下实景、真人演绎、互动式串联起来"风起洛阳，探秘神都"，有震撼的视觉场景、运动座椅、音效、触感、气味等全感官体验。

此外，"洛阳 IP 联动计划"已上线动画《风起洛阳之神机少年》、真人电影《风起洛阳之阴阳界》、悬疑玄幻漫画《风起洛阳之腐草为萤》；《登场了！洛阳》神都书院落地隋唐洛阳城景区；马伯庸长篇历史小说《洛阳》计划发表；互动影游《代号：洛阳》正在制作；舞台剧、动画电影正在筹备。

四、成效亮点

"洛阳 IP 联动计划"实现了"一部剧带火一座城，一座城成全一部剧"的双赢效果。《风起洛阳》通过英语、日语、韩语、泰语等六种语言在爱奇艺全球 191 个市场播出，在日本 WOWOW 株式会社、中国香港 NOW TV 等平台发行，国际站评分达 8.5 分，洛阳美食、建筑、文化等借剧走出国门，引发了全球观众对洛阳这座千年古城的关注与热议。

风起洛阳主题直播日活动宣传非遗

"洛阳 IP 联动计划"热搜热榜共 2600 余个、话题阅读总量 606 亿次,其中洛阳文化方向 310 余个,阅读量 34 亿次。洛阳市在 2022 年度搜狐旅游全国城市旅游影响力榜中位列全国第五,获 2022 年度社交网络运营口碑奖。洛阳市文化广电和旅游局聘任剧中百里弘毅饰演者王一博为洛阳文化旅游形象大使。"王一博说作为洛阳人很骄傲自豪""看了风起洛阳想去洛阳旅游"等话题被网友津津乐道。

2022 年金瞳奖评选中,《"文政企"深度合作影视剧 IP 风起洛阳》获原创内容单元原创剧集组金奖;《一部剧带火一座城》获内容营销单元 PR 与品牌建设组金奖,成为视频平台打造"城市文化"标签的成功案例。

五、保障措施

与爱奇艺平台的整体合作是洛阳重塑文旅品牌、推进产业发展的重大机遇,洛阳市抽调精干力量、筹措工作经费、调动行业资源,全力保障"洛阳 IP 联动计划"12 个项目高效协同推进。

（一）做好项目保障服务工作

组织相关领域专家学者深度参与内容创作，将洛阳厚重的历史文化和旅游产品有机地融入各个项目，围绕黄河文化、国花牡丹、盛世隋唐、美食、民俗等主旨，深入浅出地讲述洛阳故事。

（二）做好产业联动和效应延伸

风起洛阳主题酒店、主题街区已签约，《风起洛阳》VR 体验项目牡丹文化节将上线，《登场了！洛阳》神都书院落地九洲池景区，考古盲盒、服饰、纸雕灯等衍生文创商品销售火爆，相关景区增值引流、内涵提升，将影视 IP 的文化价值最大化。

（三）做好线上流量的线下转化

策划了"风起洛阳，探秘神都"联动引流活动。一是动员本地景区、街区因地制宜以风起洛阳探秘神都为主题开展文旅策划、氛围营造、景观搭建；二是推出专题优惠政策和主题旅游线路；三是动员媒体矩阵、游客达人、文旅从业者在美食、民俗、文化、旅游、非遗等领域进行"风起洛阳，探秘神都"内容创作；四是与百度地图、新浪微博、途牛联合推出"风起洛阳，探秘神都"主题聚合页，实现"引客入洛"、拉动文旅消费；五是举办上阳宫《时尚芭莎》"时尚文化赋能古都发展"时尚文化主题论坛、定鼎门天街野宴活动、"燃灯大典"开播发布会、风起洛阳帐篷

央美风起洛阳画展

露营活动；六是联动中央美术学院在隋唐洛阳城景区举办"风起洛阳　浪漫古今"学生主题作品展，联动光明网举办"青春洛阳直播日"并由中央美术学院学生在洛邑古城创作《新·洛》主题墙绘。

"洛阳 IP 联动计划"既是洛阳文旅"破圈"的重大机遇，也是在"以文塑旅、以旅彰文，推动文化和旅游深度融合"的探索和尝试。凡是过往，皆为序章。我们将以国内旅游宣传推广典型案例申报为契机，继续乘势而为，保护传承弘扬黄河文化，汲取文化力量，展现洛阳担当！

专家点评

　　洛阳作为十三朝古都，拥有丰厚的历史文化资源，但如何保护传承与活化利用是必须解决的重大课题。"洛阳 IP 联动计划"坚持"颠覆性创意、沉浸式体验、年轻化消费"的创新思路，以历史文化为底蕴，以创意策划为突破点，以超级 IP 为着力点，以超级传播平台为整合点，以电影、剧集、游戏、衍生品、舞台剧、动画等领域为承载点，精彩地体现了"一次开发、多元利用"的文化商业模式的特征与精髓，是文旅融合与营销创新的典范之作，是对优秀传统文化创新性传承和创造性转化的成功探索。

《早安隆回》"网红流量"化为"旅游增量"

湖南省隆回县文化旅游广电体育局

一、案例简介

2022 年年末，由隆回籍著名歌手袁树雄创作演唱的歌曲《早安隆回》，在万众瞩目的卡塔尔世界杯期间，迅速风靡整个网络，在不到 3 个月的时间里，全网播放量突破了 1000 亿。袁树雄是县委、县政府特招引进的"特殊人才"，以创作本土音乐作品为主,《早安隆回》是其代表作之一。隆回县利用这一热点，及时组织、策划

隆回县高铁站万人同唱《早安隆回》

一系列宣传、营销活动，引发媒体共振、官方关注、商家策用，隆回发生了显著的经济社会变化并成为知名"网红城市"，有效助力隆回文旅发展，"一首歌带火一座城"成为现实。歌曲爆火后短短 2 个月，隆回县共实现旅游人数 80 余万人次，旅游收入超 8.5 亿元。

二、主要举措

（一）政府引导，传播正能量主线不动摇

湖南省委主要领导亲自关注，《早安隆回》原唱袁树雄参加了 2022 年湖南卫视跨年晚会，获得 2.66 的收视率稳居第二。湖南省委宣传部副部长（兼），湖南省文旅厅党组书记、厅长李爱武一行专门为《早安隆回》现象级传播事件赴隆回进行文旅调研工作，随后省文旅厅又分别组织在隆回县、长沙市两次召开《早安隆回》湖南省文艺创作研讨会。此前，由盘古智库长沙研究院、隆回县委县政府主办，400 多名知名学者、企业家、新闻媒体参加的《早安隆回》暨隆回发展研讨会线上会议后，隆回县专门成立《早安隆回》宣传工作机构，由县委书记、县长担任总指挥，相关县级领导担任总调度。邵阳市委常委、市委宣传部部长于金旺专题调度《早安

袁树雄参加湖南卫视跨年

隆回》宣传工作，并亲自率队到省委宣传部、省委网信办等相关部门进行专题汇报，5次赴隆回现场指导。省市宣传部门专门通过多种渠道向中央有关部门和媒体推荐《早安隆回》节目上春晚，得到央视总编室关注，特地向中央电视台文艺中心及导演组上级领导推荐，并为之撰稿《早安隆回为何火爆全网？》内参，获得国家广电总局领导、中宣部文艺局负责人的批示和点赞。

（二）媒体发力，深挖《早安隆回》文化密码

隆回县全力支持配合各种采访宣传工作，新华社、人民网、中国网、《中国文化报》《湖南日报》、湖南卫视及邵阳市级等一批主流媒体密切关注《早安隆回》。新华社客户端转载《湖南日报》文章《〈早安隆回〉全网"出圈"：一首歌这样唱火一座城》，刊发《早安隆回励志持续爆红、全网获超 500 亿次播放》，光明网、央广网、红网等媒体相继发布深度报道。湖南广播电视台派出强大阵容，进驻隆回开展"新春走基层·相遇隆回"采访，拍摄制作了《听》《看》《赏》《尝》《闯》《干》6 期各10 分钟左右的节目，并在除夕至正月初五每晚的《湖南新闻联播》中播出，全方位展示隆回形象。而在央视春晚中《早安隆回》以《早安中国》之名再次唱响。新春之后的宣传热度依然强劲，《湖南日报》刊发了《"早安隆回"的内因与外溢》，湖南

袁树雄　央视春晚

经视录制了三期《早安隆回的文化密码》,《经济日报》也刊发了《隆回,不只说早安》等深度报道。邵阳主媒在各种流量媒体播发《早安隆回》相关稿件 50 余条,总阅读量达 5000 万。而最具宣传动力的自然是抖音的自由编辑与无限传播,其中不少抖音大咖更是与《早安隆回》相融相生,同红同火。挖掘、利用短视频平台创作了《早安隆回》背后的正能量故事,引发了全网推送,众多网络短视频引用这首歌曲,形成了话题矩阵,《早安隆回》传播速度进一步加快。

(三)旅游聚焦,变"流量"为"留量"

为方便网红进入隆回打卡,在隆回高铁站附近设立《早安隆回》音乐厅,并规划打造网红直播一条街、夜市一条街,在袁树雄家里设立《早安隆回》原创小屋。以《早安隆回》歌曲为背景,各旅游景区均制作宣传推介景区的 MV、网红打卡点及特色旅游产品,将景区美景全方位展现,吸引各地游客打卡隆回。县文化旅游广电体育局开通"文旅隆回"官方抖音号,利用短视频 + 媒介,倾力制作文旅宣传短视频。此外,通过引进、扶持等形式,大力推动衍生品、文化娱乐、特色美食等涉旅建设,在各大景区、星级饭店推出"早安隆回"特色商品展示区等,全力打造"早安隆回现象级文化品牌"。《早安隆回》还吸引外地旅行社到隆回调研、洽谈旅游线路,助力"网红"成为"长红"。第二届邵阳旅发大会拟定于 2023 年 9 月在隆回举办,并把主题确定为"早安隆回·云上花瑶",以《早安隆回》作为旅发大会IP主线,贯穿前期预热和主体活动。

(四)公益助力,提升"早安隆回"品牌影响力

央视春晚之后,热点当事人袁树雄先后参加了 20 余次公益活动,用自己的流量优势助力隆回发展。一是创作录制歌曲扩大影响。参加杭州亚运会歌曲、红网《湖南一路向前》、《湖南日报》两会歌曲、新华社全国两会歌曲《驶向春天》、央视榜上榜节目《早安隆回》录制等。二是参加公益活动助推文旅发展。袁树雄领衔"早安隆回 福盈新春"文艺进社区演出时,上万群众聚集隆回高铁站,热烈、有序、壮观的演出现场成为出行群众带往全国各地最自豪的"朋友圈"和短视频作品。此

活动现场

外，袁树雄还参加了红网湖湘好网民颁奖演出、"湖南旅游主题年"沈阳站推广活动、郴州汝城——湖南旅发大会启动仪式、岳阳——洞庭湖观鸟节——湖南经视、"欢乐潇湘这十年"文艺汇演等。三是参加各级媒体宣传树立形象。受邀参加了湖南卫视个人专访拍摄、湖南经视《早安隆回》破圈密码访谈、杭州——亚运会组委会采访、北京——央视《名人说》个人访谈等。受邀担任湖南禁毒、消防、反诈等宣传形象大使并拍摄公益宣传短片。

三、主要成效

（一）增强了隆回人民的自信心和自豪感，助推经济社会发展

《早安隆回》爆红增强了广大隆回人民的自豪感和爱家乡的情感。全县各级各部门纷纷商讨对策，全力提高城乡品位，打造优良环境，迎接八方来客。2022年以来共开展各类招商活动79次，签约项目18个，总金额59.7亿元。其中：三百运动高尔夫产业链项目已签约引进8家企业进驻工业园区，"湘九味"道地药材产业园二期项目追加投资10亿元。为承办第二届邵阳旅发大会，隆回已确定旅发大会第一期重点项目77个，总投资11亿元，着力提升旅游接待服务能力。注册《早安隆

回》农产品、旅游、住宿商标 8 个，以文化赋能文化旅游和农副产品，直接带动金银花、龙牙百合、三辣、猪血丸子等农产品销售 3 亿元，推动实现线上热点到线下效益转变。

（二）提高了隆回发展的动力和活力，推动文旅高质量发展

《早安隆回》成为推动人才建设、文艺创作的典型案例，成为组织群文活动热点。《早安隆回》带动隆回旅游业人气回升，2023 年 2 月，首家"早安隆回"地接社——魅力湘瑶旅行社成立，首接广东省肇庆专线游客 1000 人到隆三日游。各旅行社相继推出了"隆回自驾游精品大环线""隆回山水、人文、美食美景游""早安隆回，情定花瑶二（三）日游"等一系列极富特色、充满人文情怀的精品旅游线路，并推出了各种让利措施。《早安隆回》对文旅发展既是压力也是动力，既是挑战也是机遇，隆回的文化旅游吸引力正在不断增强。

（三）提升了隆回的知名度和美誉度，促进文旅品牌建设

《早安隆回》一系列宣传向世界全方位展示了隆回当地的民俗、历史、文化与风光，让大家了解隆回、关注隆回、宣传隆回。《早安隆回》爆红以来，引起中宣

《早安隆回》吸引阿根廷驻华大使来隆回交流

《早安隆回》亮相冬旅节

部、省市各级领导的高度重视和关注支持。阿根廷驻华大使牛望道携夫人旅访隆回，表示将推动阿根廷相关城市和隆回建立互帮互助的友好城市关系，加强双方经贸往来。隆回文旅坚持"走出去""引进来"相结合，多角度、全方位加强文化旅游宣传，通过线上线下有机融合、拓宽宣传载体、加强交流合作等手段，进一步提升了文旅融合品牌"早安隆回"的知名度、美誉度和品牌形象。

专家点评

　　音乐营销是城市品牌塑造和文旅宣传的重要方式。但与许多地方借助意外走红的歌曲开展营销不同，隆回的做法是创新谋划、主动策划、系统部署、有序推进，有效地将歌曲的网络热度转化为地方的知名度，将歌曲的"网红流量"转化为当地的"旅游增量"，该案例的创新做法值得各地借鉴。整体而言，要做好音乐营销，一是要主动谋局，创新策划，前期设计越科学、越准确、越周详，实施效果就越好；二是在信息爆炸的今天，网络热点来去匆匆，要及时抓住契机，有效转化，让歌曲的热度转化为当地经济社会发展的速度；三是要因地制宜，重视歌曲与城市的契合度。只有恰如其分地反映了当地特质的歌曲，才能与城市之间建立起有效连接。

游赏美丽中山
——在学习中抵达诗和远方

广东省中山市文化广电旅游局

一、活动背景

随着《中山市文化兴城五年计划（2021—2025年）》和《中山市文化兴城三年行动方案（2022—2024年）》的正式印发，中山市"文化兴城"建设全面开启。为贯彻落实市委工作部署，奋力写好文化兴城这篇大文章，擦亮中山历史文化名城金字招牌，中山市文化广电旅游局立足自身职能，将文化旅游宣传与"学习强国"平

文旅礼包派发

文旅礼包派发

台推广使用这两项工作有机结合，联合市委宣传部于 2022 年 5 月至 10 月举办"游赏美丽中山"——中山市"学习强国"文旅惠民活动，依托"学习强国"平台和各个微信公众平台派发文旅礼包，市民游客可用"学习强国"平台 2022 年度积分兑换"学习券"礼包，也可在节庆活动期间注册成为"学习强国"平台新用户获得"文旅券"礼包，以文旅消费券和主题文创等产品吸引广大市民游客关注中山、走进中山、游赏中山，进一步激发文旅市场消费活力，提升中山文旅城市形象的知名度和美誉度。

二、具体做法

（一）文旅消费需求核心要素全覆盖，提升活动吸引力，增强群众参与意愿

本次活动以"政府补贴、企业让利、文旅惠民"为原则，面向广大市民游客、"学习强国"平台用户派送总价值超 200 万元的文旅惠民礼包。礼包内容涵盖消费者喜闻乐见的"食住行游购娱"六大核心要素，共发动中山 46 家文旅企业提供产品，包括景区门票、餐饮券、电影券、主题文创等，满足广大市民游客

活动海报

多层次、多元化的文旅消费需求，且活动结束后从所有参与者中抽取 10 名幸运儿，赠送全套中山文旅大礼包，增强市民游客参与活动的兴趣和意愿，引导市民游客在学习和游玩的过程中了解中山文化、观赏中山美景、品尝中山美食、体验中山魅力。

（二）划定不同积分兑换档次，礼包奖品分段派送，供平台用户自由选择

"学习券"专为"学习强国"平台用户设置，用户年度积分累计达到规定分值即可兑换相应档次的礼包。结合前期对全市 109 万个"学习强国"用户积分情况的摸底调研结果，划定年度积分 3000 分、5000 分和 8000 分以上三个兑奖档次，档次越高礼包价值越高，且每档礼包设置多款奖品供用户自由选择，高积分用户可以兑换低档次礼包，让符合兑奖条件的参与者都能获得心仪的文旅产品。为保证活动期内各个时段均有奖品可派送，礼包每月定时限量上线，当月兑完即止，为活动参与者特别是低学分用户和新注册用户预留了充足的时间，用户只要每日坚持打卡学习，就有机会达到兑换礼包的最低分值，从而提高用户的学习动力和兑奖信心。

（三）结合旅游旺季推出精品线路，派发节庆文旅礼包，扩大活动受惠范围

本次活动贯穿"五一"、中国旅游日、端午、暑假、中秋、国庆等重要节假日和促销费节点，为更好地发挥文旅礼包＋旅游旺季的经济效益，让活动惠及更多群众，带热文旅市场，中山市文化广电旅游局特设置无积分要求的、面向全体市民游客的"文旅券"，在各大节日节点推出"游赏美丽中山"精品旅游线路，依托"中山发布""文旅中山""微理大义"等微信公众号派发消费券，每位市民游客（包括已在"学习强国"平台内参与积分兑换活动的用户）在每个节日均享有 1 次领取消费券的机会，领取后只需下载注册"学习强国"App 并加入中山市学习组织"中山文旅惠民 2022"，即符合线下核销资格。

（四）"线上＋线下"宣传齐发力，多平台高频次投放广告，助推活动热度攀升

依托传统媒介和新媒体平台对活动进行全方位、全过程宣传推介，持续扩大活动知晓度和影响力，吸引更多群众参与其中。在活动前期和初期，设计电子宣传海报 5 幅，制作宣传展架 3 款并投放至 15 个酒店和景区，在中山广播电视台 FM888、FM967 等电台频道投放 20 秒广告 30 次，向"中山发布"微信公众号以及中山广播电视台《城市零距离》《HAPPYRADIO 快乐 888》《中山手机台》等栏目微信公众号推送文章 4 篇，为活动预热造势；活动期间，在中山广播电视台公共频道投放 15 秒广告 20 次，在中山广播电视台 FM888、FM967 等电台频道投放 20 秒广告 170 次，在"中山新闻"微信公众号、"学习强国"中山学习平台发布推文 2 条，在"文旅中山"抖音号＋视频号、"打卡中山"视频号推送宣传视频 3 则，助推活动热度持续攀升。

三、主要成效

本次活动得到了社会各界热烈响应，吸纳关注量超百万人，派发文旅惠民礼包

总价值超 200 万元，消费券核销超 90%，为"学习强国"平台引入将近 2 万个新用户，有效激发市民游客学习动力和消费热情，合作商企客流量和利润额普遍提高，成功实现经济效益和社会效益双提升。活动也受到了市民游客和合作商企的高度评价，在后续效果评估问卷调查中，有 96.35% 的受访市民游客对本次活动表示满意，其中有较强推荐意愿的人数占比高达 96.80%；受访商企均表示愿意成为文旅券合作商户，继续参与今后的文旅惠民活动。

2023 年 2 月，本活动被评为 2022 年度"学习强国"学习平台中山市十大优秀推广案例。

专家点评

旅游是一种休闲、学习和生活方式。如何让这三者更好地协同与互促？中山市文化广电旅游局立足自身职能，创新性地将"学习强国"这一超级学习平台与"惠民旅游"有机结合，促进了市民在游中学、在学中游，取得了城市文旅宣传和学习平台推广的双重效果，实现了经济效益和社会效益的双重提升，有效地激发了当地文旅消费的市场活力，提升了城市的知名度和美誉度。

"亲子游 青春季·莘莘学子畅琼游"联合推广活动

海南省旅游和文化广电体育厅

为深入贯彻落实省第八次党代会精神，不断丰富延续"亲子游 青春季"IP的内涵及品牌活动、影响力，进一步深挖研学、亲子和青春三大客群市场，推动海南旅游业高质量发展，积极推动暑期旅游升温，2022年7—12月，海南省旅游和文化广电体育厅策划推出了"亲子游 青春季·莘莘学子畅琼游"联合推广活动。借此活动为契机紧抓暑期空档，激发海南旅游市场活力，聚力"晒"出海南文旅资源，开创海南暑期旅游黄金周亮丽新成绩，进一步提升海南旅游形象。

活动现场

213

活动现场

"亲子游　青春季·莘莘学子畅琼游"联合推广活动通过联合 OTA、新媒体平台、航司等涉旅企业，汇聚相关媒体资源、专家资源、国际研学旅游圈等资源，打响海南旅游品牌，邀请岛内外特定目标客群体验海南亲子游学产品，举办亲子音乐节、全岛特色露营、高校畅游之旅、青少年高尔夫球精英赛等系列主题活动，多方式、多平台、多渠道同时发力海南旅游市场，通过垂直媒体、大众媒体等全媒体矩阵进行整合传播推广，持续培育海南旅游消费热点，打造"莘莘学子畅琼游"产品新 IP，提升优化海南游客结构，吸引省内外游客来琼旅游，拉动暑期旅游消费，为海南旅游文化产业创收增效。

一、具体措施

（一）六大线下引流活动，拉动海南旅游市场消费

2022 年海南国际研学旅游创新发展大会暨启动仪式整合海南研学旅游资源，培育研学旅游市场，引导消费回流，打造海南研学 IP。为进一步提升海南研学旅游的品牌影响力，发布了海南十大研学旅游路线以及《海南研学旅游影响力指数报告》《生态研学旅游专题报告》，为海南推进研学旅游发展提供智力支撑。除启动仪式外，还开展"跟着芒果学表演"活动、必须好玩·2022 海南亲子嘉年华活动、"毕业成人礼"露营主活动、"同学好友琼游记""中国青少年高尔夫球精英赛"五大线下活动，紧跟海南研学旅游市场，针对亲子、学生客群，打造不同主题。

活动现场

（二）三大 OTA 平台同步上线话题活动，掀起热浪话题

携程上线"暑你最会玩"营销主页面，主攻线上话题推广，发起旅拍话题活动、携程 App 广告植入等，活动整体曝光量已突破 1 亿人次。美团结合超强资源，策划落地亲子主题景区推荐、亲子趣玩、招募海南亲子游玩体验官三大主题活动，活动整体传播量超 2.16 亿。去哪儿网通过内容共建、产品整合、福利加持、流量赋能，多维刺激海南旅游消费，专题页曝光量超过 2600 万人次，点击量超过 1500 万，红包发放领取量超过 80 万。

（三）四大新媒体平台引流造势，进一步加大宣传力度

新浪联动国内 20 所高校和蜜雪冰城，通过设置海南旅行心愿征集、主题青春旅游路线等，活动期间，微博话题阅读总量突破 1.1 亿人次。爱奇艺开展《青春在 Lu 上》海南旅游联合推广策划，通过强大内容输出和互联网新技术、新传播手段深度融合特色，打造海南旅游新消费热点。抖音推出"趣游花 YOUNG 海岛"系列活动，规划研学活动、亲子达人旅行团、青春音乐主题微综艺、毕业季高校唱游之旅等活动，让游客感受花样海岛不一样的潮玩生活。快手通过达人旅游目的地"种草"、当红主播直播体验等多维方式形成针对海南旅游从"种草"到"拔草"的全面营销推广。

亲子游玩体验

二、活动亮点

（一）丰富延续主题 IP，促进旅游业有序恢复

不断丰富延续"亲子游 青春季"IP 的内涵及品牌活动、紧跟研学旅游市场打造不同活动主题热点影响力，进一步深挖研学、亲子和青春三大客群市场，全力推进海南旅游业有序恢复增长，激发海南旅游市场活力，吸引省内外游客来琼旅游。

（二）加大海南旅游宣传影响力，增强营销推广品牌化效应

通过线上线下联动、主动请进来等多种方式，全面展现海南特色旅游资源，开展多渠道、立体式整合营销推广，增强营销推广主题 IP 效应。

（三）完善联合营销推广机制，进一步提升资源、撬动资源的能力

积极推动文旅体充分融合，通过"旅游＋研学""旅游＋亲子"等活动形式，开展异业联动，美团联合央视 IP"大头儿子小头爸爸"，新浪联动蜜雪冰城，推出具有特点特色的线上线下旅游活动。

立体整合营销

（四）充分发挥资源整合作用，加速旅游消费提质升级

通过资源整合和深度传播，开展丰富多彩的"亲子游　青春季·莘莘学子畅琼游"联合推广活动，15 个子活动共同发力，丰富海南旅游产品供给。

三、活动成效

OTA 平台和媒体宣传等各大版块同步发力，据不完全统计，活动总体曝光量达 3 亿人次，有效提升海南研学旅游产品体系，拉动旅游消费。

专家点评

海南省地处祖国南端，由于气候原因，一直以冬季避寒胜地的形象吸引旅游者前来，使旅游消费具有明显的季节性变化特征。为了平衡旅游消费需求波动大的局面，海南省考虑在暑假主打学生市场，主推研学旅游、亲子游等产品，这是一个好的切入点。在宣传推广方面，海南省系统挖掘了在线旅游中间商、大型电商平台和知名社交媒体的能力，通过影响力最大的在线旅游中间商宣传主题产品，促进用户互动，为产品销售打下基础，同时通过在知名社交媒体上制造话题，引起关注，扩大产品的影响力，取得了较好的效果。

"重庆云海列车"
营销推广

重庆市文化和旅游信息中心

一、案例简介

2022年3月25日，由重庆市文化和旅游发展委员会策划和首发、重庆市文化旅游信息中心签约摄影师周能拍摄制作的1分钟短视频"重庆云海列车"，在中外各社交平台、国家主流媒体上火爆出圈，成为家喻户晓的"重庆城市形象宣传片"。

重庆四面群山环抱，嘉陵江与长江交汇于此，江水蒸发不易扩散，潮湿的空气处于饱和状态，更容易造成重庆多雾，又被誉为"雾都"。重庆有山之起伏、有城

河南推介会

坐高铁趣巫山首发仪式

户外广告

之活力、有水之激滟，还有星光熠熠的城市夜景、满城四溢的火锅香味、重庆"8D魔幻"的独特城市地貌以及底蕴厚重的巴渝文化，这些元素已被广大受众所熟知，而如何利用雾重庆的城市奇观，从积极正面的角度突显"雾都"这张名片，是重庆市文化和旅游发展委员会开展重庆文旅宣传一直以来积极思考和谋划的问题，也是甄选短视频题材的重中之重。"重庆云海列车"正是在这个背景下脱颖而出。

二、创新点及亮点

旭日东升、云雾蒸腾，重庆轨道交通 6 号线列车徐徐驶来，如梦如幻、如临仙境。重庆市文化和旅游信息中心特约摄影师周能拍摄了这辆仿若"开往春日仙境的列车"。该短视频一经上传随即火遍全网，有网友评论"此景只应天上有，奈何偏就落渝州"。为了展现雾都重庆的风采与魅力，摄影师巧用天时，选择地势最高、离桥最近的观景台进行拍摄，等待太阳、云海和列车同框，并从多个视角记录下这一梦幻瞬间。为了强化视觉冲击，在短短的 1 分钟时间里，"重庆云海列车"短视频以航拍、大场面进行展现。短视频中既运用了超广角镜头，全景呈现晨雾中列车犹如在云端穿行的壮美画面，影像风格恢宏大气，又通过"俯拍＋推拉镜头"，为受众展示了两列对开列车在蔡家嘉陵江轨道专用桥上相遇的场景以及鳞次栉比的高楼、生机葱茏的树林、神秘梦幻的云海。凭借专业的空中调度，通过高空、低空等多角度、多层次的影像呈现，画面张弛有序、大气流畅，视觉效果震撼人心，令受众一览大美重庆，助力大众体验重庆、爱上重庆。借助重庆"8D魔幻"的独特城

高铁游客在景区打卡

市地貌，以轨道交通破题，运用极致的东方美学表达，绘就了一幅充满诗意与禅味的水墨山水画卷，打造突破以往的城市印象，并以点带面，给人以探寻重庆之美的延绵想象空间。在以"小而美"的样貌拥抱更广阔市场和受众的同时，"重庆云海列车"短视频色调质感高级且唯美，在快节奏时代带给受众极致享受，余味悠长，难能可贵。在色彩运用上，该短视频以蓝、绿、黄、灰为主色调，清新典雅，与中国传统文化中的青绿山水及卷轴画高度契合；在意境营造上，该短视频凝练节制、形神兼备、意味深远，绘就了一幅极具中国古典美学的"大写意"。同时，从配乐层面而言，短视频选用周深演唱的《大鱼》为背景音乐，画面中嘉陵江畔烟波浩渺，轨道列车冲破缭绕云雾，疾驰在仙境一般的童话世界中。悠远的国乐之风，余音绕梁，不绝于耳，以大象无形、润物无声的方式让诗意的氛围更加纯粹，让古朴与现代交融碰撞的重庆之美更加深入人心。

三、经验做法

（一）精心策划并联动多家媒体同频共振

市文化旅游信息中心在短视频发布当天协同市文化和旅游发展委员会宣传处，第一时间联系人民网、重庆发布等中央及地方主流新媒体以及区县文化和旅

前往巫山的高铁旅游团队

游发展委员会相关新媒体，快速转发，让该视频迅速登上热搜，火遍全网。特别是一些微博大V也广泛转发，更是数度把"重庆云海列车"推上热榜热搜。

重庆市文化和旅游发展委员会以视频号、官微、公众号、网站、抖音为第一梯队文旅新媒体矩阵，以38个区县文化和旅游发展委员会新媒体为第二梯队新媒体矩阵，同时与重庆电视台、《重庆日报》、重庆发布、ichongqing、上游新闻、华龙网等20多家主流新媒体平台建立了宣传联动推广机制，搭建起强强联动的传播矩阵。再依托《人民日报》、新华社、央视、人民网等大媒平台，建起全国联通的宣传网络，同频共振，唱响重庆文旅宣传"最强音"。

紧接着策划发布系列推文解读"重庆云海列车"的"出圈"密码。在短视频爆火后，分时间节点推出了系列公众号推文，例如，3月27日发布了《浏览量上亿！火爆全网的"重庆云海列车"是这样拍出来的！》，随后发布了《重庆云海列车短视频的"出圈"密码》《如何get火爆全网的"重庆云海列车"同款大片？这些云海胜地千万别错过》《美似仙境，幻如童话！来看看重庆这些美上云端的神仙之地》等，多次将山水之城、美丽之地重庆推向全中国乃至全世界。5月举办了摄影师颁奖仪式，邀请委领导为摄影师周能颁发"金镜头奖"，激励更多的签约摄影师创作出更多宣传重庆的优秀作品。

坐高铁趣巫山展陈

（二）创新组建重庆文旅特约摄影师团队

"重庆云海列车"爆火出圈，是优质短视频内容的成功之作，也是重庆市文化和旅游发展委员会广开思路，创新作为的结果。创新优质内容获取模式，以平台换内容，重庆市文化和旅游信息中心招募了一支"重庆文旅特约摄影师"团队，为重庆文化旅游宣传献计献策，定期提供高质量的视频和图片，用于重庆城市和文化旅游形象宣传。"重庆云海列车"短视频作者周能正是首批特约摄影师之一。

（三）坚持走好新时代文旅宣传群众路线

众人拾柴火焰高。"重庆云海列车"出圈，与重庆山水之城独特的颜值与气质密不可分，更是重庆文旅宣传大众参与、共同挖掘又一次生动的实践。无论是网红打卡地"洪崖洞"、魔幻的李子坝轨道列车穿楼，还是充满调侃的"导航迷路之地"等重庆独特山水人文风光，最开始都得益于民间的广大摄影爱好者。通过他们的独特审美和视角，给重庆贴上"8D 魔幻"的标签，让重庆成为全国游客最向往的城市之一。

（四）全方位打造新媒体全平台

市文化旅游信息中心紧紧围绕《重庆市旅游业发展"十四五"规划（2021—2025年）》"加快建成世界知名旅游目的地，旅游经济质量大幅提高，旅游品牌影响力大幅提升"等目标要求，创新开展旅游宣传推介，创新文旅宣传媒介，更加广泛依靠微博、微信、视频号、抖音号等新媒体。当年官方微博平台粉丝现已突破200万；官方微信公众号，粉丝突破195万。本次短视频以官方视频号为主要传播途径，发酵时间短，传播快，辐射面广，这和新媒体传播优势极度吻合。基于移动终端的新媒体传播已经成为当下文化旅游宣传的新特点、新趋势。成功策划了"重庆云海列车"等传播量上亿的新媒体宣传营销活动，很好地传播"山水之城·美丽之地"重庆旅游品牌。

四、主要成效

"重庆云海列车"短视频由重庆市文化和旅游发展委员会官方全平台首发，在各社交平台上火爆"出圈"。相关视频被《人民日报》、人民网、环球网、文旅中国、中工网等70家媒体转发报道，全网视频播放量累计突破10亿次，相关微博话题 #重庆列车穿梭云海如水墨画#、#重庆晨雾缭绕如临仙境#、#火爆全网的重庆云海列车拍摄者是他#阅读量累计超过1.4亿，讨论超过2万。该视频也被中央电视台大型电视专题片《领航》引用。该视频纪实调性与网感思维兼具，集可视性、轻量化于一体，内容表达出新出彩、影像呈现活灵活现、融媒平台联动有力，让魅力重庆再添新亮点。

专家点评

　　首先是视觉效果极强。通过航拍和多角度拍摄，展现了重庆早晨的美景，云海、轨道列车、高楼大厦等景观，画面震撼，这种视觉冲击可以极大地吸引受众的注意力，让人印象深刻，展现了重庆的城市风貌和魅力。其次是推广内容富有诗意与文化内涵，背景音乐《大鱼》，与画面意境相得益彰，蓝绿色调的画面也体现出中国山水画的美感，这种文化符号的运用，可以让受众产生文化的共鸣，感觉更加亲近。再次是"重庆云海列车"这种城市现代美的内容，符合年青一代的审美需求，也让重庆这座城市在年轻人群体中的印象变得更加前卫和潮流。除此之外，本次活动市民参与感也较高，"重庆云海列车"的出圈离不开网友的热议转发。这种依靠群众来定义城市魅力的方式，可以更广泛地唤醒市民的归属感和参与感，这是城市品牌建设的有利举措。最后是本次宣传活动不仅联动多家媒体进行传播，按时间顺序推出系列解读文章，不断回溯短视频的出圈原因，持续推波助澜，达到了品牌宣传和影响力提升的目的。

2022 "最成都·生活美学新场景" 推选推介活动

四川省成都市文化广电旅游局

成都作为一座大美之城和向往之城,不仅拥有深厚的历史文化底蕴,它的休闲、美食和独特的生活美学吸引着人们蜂拥而至。歌手赵雷的《成都》唱出了成都的浪漫和温馨,到成都的街头走一走,会发现这里融合了现代时尚和简约明快,独具特色的生活美学场景随处可见,它们凸显着时代风采,见证着时代发展、社会变迁。随着成都城市街道的不断更新和公园绿道的提档升级,老小区激活再生,新场景不断涌现,如果三两天不出去走走,往日熟悉的街道或地址就在不经意间发生了翻天覆地的变化。近年来,成都在加速世界文化名城"三城三都"建设过程中,不

活动现场

活动现场

断发扬和创新天府文化，打造出众多文旅新场景、新产品，文旅产业持续"蝶变"，文旅消费新经济不断勃发。

一、推选丰富新场景，提供优质新选择

为贯彻落实市委市政府《关于实施幸福美好生活十大工程的意见》，提升成都文旅知名度和美誉度，满足人民群众对幸福美好生活的新期待，助力"三城三都"建设，在"十四五"期间，成都市文广旅局将组织开展"最成都·生活美学新场景"推选推介活动，每年推出100个，共计推出不少于400个新场景。2022年3—6月，成都市文广旅局以"向往的生活在成都"为主题，开展2022"最成都·生活美学新场景"推选推介活动。活动以"食、住、游、购、运动"五要素为基础，重点围绕环城生态公园、锦江公园、一环路市井生活圈"三大工程"改造提升，依托文化、娱乐、健身、游憩、绿化、商业、餐饮、农业等资源，以"微旅游、慢生活"为导向，精准提炼"心选·美食""心选·好宿""心选·好游""心选·好购""心选·乐动"五大类别，重点针对成都在近年涌现的文旅新场景、新空间、新点位进行评选，体现"小而美、美而精、精而卓"的增量文旅新场景。并着力打造提供"十五分钟生活圈"的文化旅游产品和配套公共服务，组合形成一批"可阅读、可感知、可欣赏、可参与、可消费"，具备成都生活美学特质的新场景，丰富市民游客来蓉旅游选择，掀起市民游客到蓉消费的热潮。

二、开拓评选新形式，打造传播新现象

2022 "最成都·生活美学新场景"推选推介活动由评选和发布仪式构成。活动创新结合直播、推介、发布三大表现形式，以发现新场景、培育新消费、发展新旅游为主要内容承载，面向社会大众、区（市）县行政管理部门征集了 290 个新场景，开展网络打榜活动，各平台总投票数共计 651 万余票。通过专家评审、意见征集等环节形成了"心选·美食""心选·好宿""心选·好游""心选·好购""心选·乐动"五大类别 100 个新场景，通过 2022 "最成都·生活美学新场景"发布暨暑期游启动仪式，将推选结果入驻高德、腾讯、百度三大地图。央视频、抖音、快手等 30 家新媒体平台对活动进行了直播，向全国市民、游客发出到成都体验幸福美好生活的邀请，观看量达 1165 万人次，同时人民网、国际在线、《中国旅游报》等 20 余家央、省、市级媒体对活动进行报道，达到现象级传播效应。

三、创新场景新体验，激发消费新活力

发布仪式活动后，成都市文化和旅游联合高德、腾讯、百度三大国内导航头部企业将 2021、2022 "最成都·生活美学新场景" 200 个点位陆续上线导航地图，市民游客可通过三大导航 App 一键式搜索，即可直达并打卡成都文旅新场景目的地，感受成都文旅全新魅力。同时联合携程、同程、飞猪三大 OTA 平台，围绕"食、住、行、游、购、娱"旅游六要素，结合新场景文旅消费特色，针对即将开启的暑期游提供丰富的文旅产品，满足市民游客实际消费需求，促进消费成果转化。并通过平台化与线上发展优势，成立文旅成都视频推广团队，联合直播头部企业腾讯，全年通过线上直播的形式，结合新场景、新项目、新体验，推介成都文旅最新最潮玩法，让广大市民、游客随时随地都能云体验成都生活，促进文旅消费市场更好更快恢复发展。

四、精准把控新特色，持续营造新热点

围绕 2022 "最成都·生活美学新场景"自身特色，结合暑期游热点需求，推

出"研学亲子·探成都""消夏避暑·游成都""星空露营·宿成都""时尚弄潮·购成都"四大主题40条暑期游特色线路、400余场暑期文旅活动,为市民游客带来充实有趣的暑期生活方式。同时根据新场景评选结果,编撰《向往的生活在成都》《2022"最成都·生活美学新场景"TOP100》宣传品,通过线上线下相结合的形式,将电子书上线文旅成都公众号进行宣传推介,同时,在文旅咨询中心、酒店、民宿等文旅点位以实体书的形式摆放,供市民阅读,形成立体覆盖式传播,为市民出游提供多元选择,让活动的宣传营销始终保持热度,增强活动的品牌传播广度。

场景营城是创造幸福美好生活的路径设计,是构建公园城市的制度安排,其落脚点是满足人们日益增长的美好生活需求。2022"最成都·生活美学新场景"推选推介这一活动,让一个个生动鲜活文旅新场景创新展现在大众面前,充盈大众生活新方式。目前已推选出的200个新场景点位以自身为媒,讲述这座城市不断为人民创造的幸福美好生活、为文旅企业行业创新创造搭建新舞台、为城市发展打造新空间的"成都文旅新故事",持续推动构建美好生活、旅游景点、文体场馆、宜居生态、邻里空间、公园绿道、智慧治理城市场景体系。

专家点评

一个城市之所以为旅游者所向往,一定是因为独特的历史遗存与人文风貌造就了独特的城市品位。成都近年来一直位于国内旅游者心目中最向往目的地前十名的位置,是国内知名度高、吸引力大的旅游目的地城市。发展带来进步,变化保持新鲜,成都的城市建设力度加大,不断创造出对市民和旅游者都具有吸引力的新型场景与吸引物。将这些新兴的场景发掘出来,不但可以为市民增加新的休闲场所,也可以为旅游者提供新的消费空间。成都市发动市民开展的生活美学新场景推选活动,充分调动了市民的积极性,让百姓在参与活动的同时,更加了解这个城市,也更为这个城市感到骄傲。本次推选活动主要通过社交媒体在线上开展,话题的热度和内容的新鲜度通过官方账号和用户自主生成内容得到了广泛的传播,产生了很大的辐射作用,将城市自己的事情办成了所有人都关注的事情,产生了良好的旅游推广效果。

传承弘扬三苏文化
打造"东坡醉月地"文旅品牌

四川省眉山市东坡区文化广电和旅游局

一、基本情况

四川省眉山市东坡区地处成都平原腹地，东坡区北瞰成都文旅核心区，南接大峨眉景区，西连雅攀，东望成渝。自古就有"坤维上腴，岷峨奥区"的美誉和"形胜介岷峨间，灵秀甲于西蜀"的夸赞。东坡区文化底蕴深厚，建制至今2300多年，唐宋散文八大家，眉山三苏占三席，素有"千载诗书城""人文第一州"。

东坡城市湿地公园夜景

为传承弘扬三苏文化，东坡区打造了"东坡醉月地"文化旅游区，位于眉山市东坡区中心城区，北至东坡印象水街、南至苏母公园、东至岷江东湖饭店、西至三苏祠景区，占地面积 2.04 平方公里。区域内有"千古第一文人"苏轼故居——三苏祠，有 4A 级旅游景区 1 个，省级公园 2 个，大型博物馆 1 家，图书馆 2 家，影剧院 2 家，文体商旅综合体 4 家，全国重点文物保护单位 1 处。区域内经营商户 231 家、经营面积 92840 平方米，其中夜间文化类经营商户 103 家，经营面积 50133 平方米，占比约为 54%。

为了打响"东坡醉月地"文化旅游区的知名度，该区域融文化旅游、休闲度假、美食娱乐、文博展览、沉浸式演绎为一体，整合湿地公园、三苏祠等资源，通过线上线下结合，开展全覆盖宣传营销，造就火爆全网的"新晋网红打卡地"，不断打响"东坡醉月地 眉山不夜城"夜间经济品牌，让人们向往东坡文化、眷恋东坡美食、憧憬东坡美景。

二、主要内容

（一）规划发展"核"引领，擦亮夜游东坡品牌

自 2019 年以来，市区先后出台《加快建设成都都市圈区域消费中心实施方案》等纲领性文件，明确以东坡岛为中心，打造东坡商业消费核心区，建成具有全省影响力的城市商业中心。同时，规划要求加快岷江航电梯级开发，建成北上南联水运枢纽，大力发展沿岷江流域特色文旅经济和夜间经济。

（二）三苏文化"金招牌"，聚集区域资源禀赋

东坡故里自古人杰地灵，文化昌明，是眉山市经济中心，也是文化中心，是历史上著名的"进士之乡"。文化旅游区挖掘"夜月文化"发展夜间经济，立足"宋代雅致生活典范""明月故乡"打造特色水街和华灯集，构筑"一湖一江多节点"夜游布局。

东坡水街夜景

（三）推出爆款活动，联动提升全网热度

为了不断提升游客对"东坡醉月地"文化旅游区的旅游热情，提高"东坡醉月地"文化旅游区在各大新媒体或平台的话题热度，推出了一系列高品质爆款活动。

例如，开发虚拟人物"苏小妹"担任"城市数字代言人"和"宋文化推荐官"，持续提升东坡文化辨识度。联合网络文化博主"意公子"，推出"人生得遇苏东坡"系列短视频，全网播放超亿次。与看四川、四川国际传播中心策划推出"东坡地图"、《不孤独的美食家》等短视频，在推特、脸书等海外社交平台点击量超 2000 万次。三苏祠博物馆大力弘扬三苏家风家教，开展"是父是子——三苏家风进万家"主题巡展等活动 100 余场，全力争创全国全省家风家教实践基地。

东坡水街在常态化疫情防控的背景下，在夜间组织水上舞台和街区内的日常文化演艺活动，并在每个季度以及国庆、中秋等重要节假日组织实施了"花朝记""寻梦记""纳凉记"千秋记""国潮汉服文化秀""后备厢潮市"等类型多样的主题活动，形成了集古币消费、穿越时空场景体验、网红打卡、创意业态消费、水上舞台演艺、扁舟夜游、水上集市等为一体的多元商业消费场所，呈现出古今交融，传统与现代，文化与商业，旅游与休闲相融合的新兴文旅商业模式，极大程度上提升了游客沉浸式体验的参与感和满足感。

（四）线上线下，做实宣传营销推广

为了进一步提升"东坡醉月地"文化旅游区在全国范围的影响力，东坡区采用全矩阵、多元化的方式对"东坡醉月地"文化旅游区进行宣传推广。

在内宣方面，围绕"东坡醉月地"文化旅游区的三苏祠、东坡水街等景区景点刊发推文，并围绕这些景区景点刊发每日发布创建美图。对外推广方面，在媒体宣传推广上，2022年春节，东坡水街持续火爆，北京冬奥会推广歌曲《冬奥有我》在远景楼、水街取景25秒，累计吸引游客30余万人次；邀请《中国旅游报》、四川电视台等数十家中央、省级主流媒体到东坡区采访报道旅游发展情况，并着重报道了三苏祠、东坡水街等景区景点情况，大大提升了"东坡醉月地"文化旅游区的社会影响力；积极采用新媒体阵营进行宣传，邀请百度大V一行到三苏祠、东坡水街等景区景点采访优质文旅资源；与网红公众号"星球研究所"合作，创作刊发"东坡醉月地"文化旅游区美文，整合抖音、微博等网络资源，提升"东坡醉月地"文化旅游区品牌影响力；配合四川省文化和旅游厅的四川文化旅游形象宣传片摄制组一行，完成东坡区宣传片拍摄，并着重拍摄了三苏祠、东坡水街等景区景点。在官方旅游推介上，加大"东坡醉月地"文化旅游区旅游元素输出。积极参加省市主管部门主办的旅游宣传推介会及各类宣传活动。其中，在由省文化和旅游厅举办"市（州）文旅主题宣传月"系列宣传活动之一"安逸走四川·好耍在眉山"——2022年眉山市文化旅游主题宣传月新闻通气会和2022中国国际旅游交易会上，都介绍了"东坡醉月地"文化旅游区，提升了"东坡醉月地"文化旅游区的知名度和影响力。

三苏祠博物馆秋色满园

三、主要成效

（一）宣传推广"掀"热潮，城市影响大幅提升

东坡岛商业水街仅用一年时间在百度搜索词条收录量就达 1000 万条，远超"成都融创文旅城"，抖音 App "东坡水街"相关话题播放量超 6000 万次。穿越盛世被省委网信办、省文旅厅评为 2020 四川最受网民喜爱的网红打卡地。中央广播电视总台走进东坡，对穿越盛世商业水街进行了专题报道。抖音、微博等新媒体创作的《穿越眉州》《印象东坡》等宣传视频点击量超 2000 万人次，三苏文化元素、"东坡醉月地"文素频频亮相纽约时代广场、广州等国内外以及旅博会、进博会西博会等顶尖会展活动，东坡城市知名度和美誉度进一步提升。

（二）餐饮住宿"满"负荷，收入税收成倍增长

以 2021 年一季度为例，东坡区餐饮零售额同比增长达 69.7%，高于全市 16.7 个百分点。劳动节期间，东坡印象 26 家餐厅日均销售额超 200 万元，每天卖出东坡肘子 1000 个，单品日营业额达 12 万元。全市住宿业同比增长 89.3%，仅水街旁一个小区就新增民宿 120 余家，带动水街 1—4 月税收收入 500 万元，占同

期全区商业体税收的 11.8%，成功实现了"'东坡醉月地'文化旅游区带火了一座城"。

（三）八方游客"涌"眉山，夜游人次屡创新高

"东坡醉月地"主打夜间消费。2020 年 5 月到 2021 年 5 月仅一年时间，东坡醉月地累计接待游客超 500 万人次，占同期东坡区接待游客的 1/2，眉山市的 1/8，日均接待游客 1 万余人次，节假日均达 5 万人次以上，峰值客流量与北京八达岭长城相当，外地游客占比约 80%。"东坡醉月地"文化旅游区接待游客和旅游综合收入实现平稳增长，2021 年接待游客 572.81 万人次，实现旅游综合收入 60.13 亿元；其中夜间接待游客 343.69 万人次，实现旅游综合收入 36.07 亿元。2022 年接待游客 624.36 万人次，实现旅游综合收入 65.12 亿元；其中夜间接待游客 371.53 万人次，实现旅游综合收入 39.10 亿元。2022 年 8 月，"东坡醉月地"文化旅游区被国家文化和旅游部评为第二批国家级夜间经济聚集发展示范区。

专家点评

第一，用好网红文化 IP，深入衍生开发。苏东坡是最强文化 IP，眉山市在科学规划、汇聚资源的基础上，充分利用当前各种主要的营销宣传渠道，全矩阵、多元化地积极打造"东坡醉月地"品牌，无论是旅游人数还是衍生消费都取得了优异成绩，有效带动了地方文旅消费，获得了良好成效。

第二，围绕景观空间，积极探索活动赋能。由于受消费模式的限制，很多目的地的吸引力还是停留在景观本体上，而眉山市则围绕苏东坡 IP 和三苏祠等景观，通过"花朝记""寻梦记""纳凉记""千秋记"等活动积极赋能景观空间，最大化释放了景观的空间价值和 IP 的衍生价值。

"爽爽贵阳"城市品牌宣传推广及其产业链打造案例

贵州省贵阳市文化和旅游局

"爽爽贵阳"城市品牌宣传推广及其产业链打造是贵阳市立足新发展阶段、贯彻新发展理念、构建新发展格局而精心谋划、深入实施的一个系统工程，从文化、资源、品牌、产业等多个层面发力，以文塑旅、以旅彰文、文旅深融、引领发展，进一步擦亮"爽爽贵阳"的城市名片，提振贵阳城市自信，以城市品牌建设引领高质量发展，为贵阳贵安新时代"强省会"聚势赋能。

活动现场

一、案例简介

（一）实施背景

在贵州省全面深入贯彻落实习近平总书记视察贵州讲话精神和 2022 年国发 2 号文件精神，围绕"四新"主攻"四化"推动高质量发展的背景下，面对旅游市场转型升级，全域旅游加速发展，旅游供给需求增多，贵阳作为贵州的省会城市，西南交通枢纽，是引领全省旅游产业化高质量发展的火车头。按照全省旅游会客厅的定位，统筹制定《贵阳市"爽爽贵阳"城市品牌提升打造总方案》，立足实际、盘活资源、汇聚活力，以产业思维深挖、整合生态、文化、美食、康养等资源，把"爽爽贵阳"打造成为知名度更高、美誉度更好、吸引力更强、发展力更旺的旅游名城。

（二）实施策略

以产业思维梳理贵阳生态、文化、美食、康养等资源，整体打造和垂直深挖相结合，以产业支撑宣传，以宣传促进产业。

以融媒体思维做好宣传，既要在整体打造上做好"爽爽贵阳"城市名片宣传，也要在垂直细分领域丰富内涵、找准支撑点；既要用好传统媒体彰显权威，也要用好新媒体激荡流量；既要用好省内宣传渠道营造氛围，也要整合外部宣传力量扩大影响力。

以城市 IP 品牌打造提升为总目标，一手抓宣传，一手抓产业，努力推动"爽爽贵阳"城市 IP 打造提升同步实现"名利双收"。

二、具体内容和创新点

（一）构建大宣传格局擦亮"爽爽贵阳"名片

1. 构建"爽爽贵阳"融媒体传播矩阵

以贵阳广电传媒集团为主体，搭建包括微信公众号、抖音、快手、小红书、视频号等自媒体矩阵。同时，各县（市、区）搭建"爽爽贵阳"融媒体平台，如"爽

爽贵阳　秀美花溪""爽爽贵阳　甲秀南明"等，短短一年时间，该矩阵已经具有一定成效，单号粉丝量突破 30 万。

2. 联合"百城百媒"拓展外部传播渠道

2022 年内，共举办"爽爽贵阳·百城百媒"系列主题宣传活动 20 余场，联合全国 100 座城市 216 家主流媒体和央视新闻移动网、新浪网等平台进行同步直播，开通直播渠道 347 个，受众累计超过 2.5 亿人次。

3. 全方位展现"爽爽贵阳"的新形象

紧扣"深挖、提炼、扩面、广传"八字方针，围绕全周期品牌打造开展应用、传播、提升工作。以"六爽"为主题推出新的中英双语城市形象宣传片并成功入选 2022 北京冬奥会场馆"中国优秀旅游目的地宣传片巡展"项目；开通"爽爽贵阳"冠名航班和高铁专列，推出《爽爽贵阳》中英文外宣读物。外交部发言人华春莹、汪文斌等多次在社交媒体推介"爽爽贵阳"，称赞是"隐藏在中国的美丽城市"。

4. 以文艺创新促进城市品牌宣传

文艺作品是重要的宣传利器。以深挖城市文化、阳明文化、三线文化、红色文化、民族传统文化为切入点，推动文艺作品泉涌。京剧《锦绣女儿》、电影类《布依女人》（戏曲电影）、图书类《一座城市的交响》三部作品入选贵州省第十六届精神文明建设"五个一工程"，数量位居全省第一。新编历史京剧《阳明悟道》在贵阳、北京等演出。

活动现场

5. 推进"爽爽贵阳"品牌应用

应用也是宣传的重要方面，2022 年推出了"爽爽贵阳"文化 T 恤、"爽爽贵阳"文创冰激凌、"爽爽贵阳"城市礼盒、"爽爽贵阳"口罩、"爽爽贵阳"纸杯、"爽爽贵阳"小食等系列产品，取得积极效果。其中"爽爽贵阳"冰激凌成为市民和网友打卡的网红产品，凉爽一夏。此外，在贵阳公交车、出租出等车身喷上"爽爽贵阳"宣传标志等。

6. 大力推进宣传营销体系完善

制定《贵阳市"十四五"对外传播发展规划》，规范推动"爽爽贵阳"城市品牌形象传播和应用，在北京大兴机场、首都机场、长沙机场等投放"爽爽贵阳"宣传片，与重庆、成都连线共同点亮"西三角"地区城市地标，赴长沙举办"中国避暑之都　爽爽贵阳23℃的家"推介会获得百余家媒体重点报道，"爽爽贵阳"城市特色度和辨识度得到了全面的提升。

（二）聚焦垂直领域全力构建"六爽"产业链

1. 聚焦生态，打造"爽眼"产业链

以"千园＋千道"为重点，打造体旅融合产业链，悦然时光、花溪十字街、江华荔星成为新的"网红打卡点"，露营、骑行、漫游等新玩法广受游客好评。2022年，"爽爽贵阳"入选携程"五一"十大热门周边游全国目的地、十大热门亲子露营

帐篷露营地

城市、"暑期"十大热门自驾游目的地；2022 年 7 月，"爽爽贵阳"环城健身步道联赛首站（南明站）暨 2022 贵阳国际马拉松线上赛欢乐跑在贵阳森林公园开赛，赛事以"爽眼黔园·问道贵阳"为主题，全面展现"爽爽贵阳"的生态之美，助力全民健身，推进山地户外运动大省建设。

2. 聚焦美食，打造"爽口"产业链

重点以青云市集、花溪十字街等美食聚集点为基础打造烟火经济"升级版"。举办贵阳首届"丝娃娃"文化节；开展首届"贵阳老字号"评选，并举办了"2022 年贵州老字号嘉年华活动"。编制"爽爽贵阳美食地图"，并组织评选 10 家"爽爽贵阳·深夜食堂"。重点打造了贵阳城市美食纪录片《寻味贵阳》，一经上线受到热捧，迅速登上纪录片融合传播指数榜第一位，"外交天团"赵立坚等纷纷点赞。

3. 聚焦文化，打造"爽心"产业链

精心打造"一堂两心三精品"的"爽心"产业品牌。结合阳明文化资源总体布局情况，将贵阳孔学堂打造成为弘扬和传承中华优秀传统文化的精神高地、学术阵地、交流基地。着力打造修文中国阳明文化园、息烽集中营旧址和息烽集中营革命历史纪念馆的主要基地，设计精品研学路线，传承和弘扬好阳明心学、修炼好共产

党人的"心学"。2022 年，"一堂两心三精品"线路接待团队共计 241 个，9147 人。

4. 聚焦康养，打造"爽身"产业链

发挥纬度、高度、温度、湿度、浓度、风度"六度"优势，打造"四季爽身"休闲度假康养旅游产品。夏天，贵阳对周边炎热省份的吸引力越来越高。2022 年暑运期间，仅贵阳、贵阳北和贵阳东三大高铁、火车站累计发送旅客 581.8 万人次，日均 9.4 万人次。"爽爽贵阳"22℃的夏天屡上热搜，成为网友力挺的"避暑天堂"。同程旅行、人民文旅发布的夏季旅游热力图，贵阳是排名第一的避暑热门目的地。

5. 聚焦旅游，打造"爽游"产业链

围绕文化＋旅游、大健康＋旅游、农业＋旅游等打造贵阳十条精品线路，举办"贵人服务·游我代言"金牌推介官主题活动、露营节等活动，实施八大"夜筑城"工程，形成中华路、花果园等"夜商圈"，青云路、天河潭、CCPARK 获评省级夜经济聚集区。青岩古镇重磅推出青岩大明志·彩沉浸式营造（接待 70.39 万人次，实现收入 11175.12 万元，直接带动夜间消费 1580 万元）、天河潭奇幻黔城烟花光影水秀、乡愁贵州光影秀（接待超 12 万人次，实现收入 180 余万元）等新产品。"一码游贵州"贵阳平台累计访问量超 6000 万次。

活动现场

6. 聚焦消费，打造"爽购"产业链

大力发展免税店、品牌首店等，打造高品质购物环境。截至 2022 年 12 月，已建成开业中高端商业综合体 5 个，引进中高端消费品牌 170 个；着力打造主题突出、特色鲜明的文化街区，建设品牌荟萃、消费聚集的购物天堂，发展流光溢彩夜经济，打造"爽爽 YEAH 贵阳"系列品牌。已完成云岩区太平路后备厢市集等 3 条夜间经济街区升级改造。重点推荐贵酒黔茶、贵银苗绣、黔药贵果等特色产品。

三、综合成效明显

在"爽爽贵阳"城市 IP 打造的推动下，2022 年，"爽爽贵阳"旅游逆势运行，接待国内游客 1.13 亿人次，实现旅游收入 1366.84 亿元，游客人均花费 1205.4 元，同比增长 0.6%。2023 年春节假日期间全市累计共接待旅游者 306.3 万人次，同比增长 42%，实现旅游综合收入 20.82 亿元，同比增长 44.5%。同时，在"爽爽贵阳"城市品牌打造提升工程引领下，一二三产取得良好发展。

（一）"黔货出山"之路越走越宽

随着"爽爽贵阳"城市品牌越擦越亮，黔产农货等在北上广深等一线城市越来越受欢迎，修文猕猴桃等特色农产品行销全国，特色农业产业越做越大。

（二）山地农文旅融合势头喜人

得益于"爽爽贵阳"的大力宣传和形象提升，贵阳成为重要的避暑目的地，并带动了农村发展，农民收入。在贵阳修文县白果乡，群众把住房改成民宿，夏天供不应求。原来的菜地，变成了供广大游客体验的乐园。

（三）招商引业结出累累硕果

虽受严重疫情影响，但仅 2022 年上半年，贵阳招商引资逆势上扬：新增产业到位资金 802.3 亿元（其中工业占比 55.8%），完成年度目标的 50.1%；引进优强企业 261 家，完成年度目标的 62.1%。新增产业到位资金、引进优强企业全省第一，对全省的贡献率分别达 31.4%、26.5%。

专家点评

第一，整个营销案例有深刻思维的科学引导。很多时候营销容易走入为了营销而营销、跟着热门营销渠道搞营销的路子上去，而"爽爽贵阳"则是有明确的产业思维和融媒体思维作指导，从而取得了"名利双收"的良好效果。

第二，在产业思维上，系统梳理了"爽眼""爽口"等"六爽"产业链，为"爽爽贵阳"整合了丰富的消费场景和坚实的消费基础，提供了多角度全方位体验"爽爽贵阳"的新玩法、新选择。同时在游客走进来和产品走出去相结合、招商引业和就地转化相结合等方面探索出了新路子。

第三，在融媒体矩阵搭建、宣传营销体系优化等方面进行了探索并取得了积极成效。品牌宣传、文化创新、借势营销等方面都有声有色。尤其是"百城百媒"和品牌应用这两个宣传方式值得肯定。尽管这两种方式并不是最新的渠道，但却可以通过系列化、规模化和持续性取得良好的成效，通过跟人们日常生活场景密切联系来增加潜在市场的有效认知，从而真正提升营销效果。

"去有风的地方　品最美的风物"
影视 + 文旅宣传活动

云南省大理州文化和旅游局

一、案例简介

电视剧《去有风的地方》在湖南卫视和芒果 TV 双平台首播。播出后，该剧创造了全网卫视收视榜冠军和猫眼剧集实时热度总榜冠军，并在各个社交平台引发热议。根据片方数据显示，该剧是开年首部全网热搜超 4000 剧集，全网狂揽热搜 4434 个，微博收割热搜 2814 个，微博热搜登顶 21 次，微博相关话题阅读量超

"去有风的地方　品最美的风物"主题分享活动

"去有风的地方"战报

203 亿。同时，该剧也是 2023 抖音首个主话题播放量破百亿剧集，抖音热搜榜 460个，TOP1 话题 72 个，相关话题播放总量 182 亿余次，主话题播放量 108 亿次，全站百万爆款最高点赞 226.5 万余次。同时电视剧《去有风的地方》播放覆盖了全球225 个国家及地区，覆盖人数破 2.6 亿，收获不同反响。该剧绝大部分在云南大理取景，云南省文化和旅游厅、大理州人民政府积极策划，借电视剧的热播，抓住"乙类乙管"政策的实施，围绕剧情中出现的取景地、非遗、美食等内容，以及产生的热点话题，推出"去有风的地方　品最美的风物"影视 + 文旅宣传推广活动，通过整合全媒体，举办线下活动，推出优惠措施等多措并举，围绕话题做宣传，围绕热点做热搜，围绕流量做留量，展示美丽自然风景，展现民族文化魅力，努力掀起文旅消费热潮，激活大理乃至云南冬春旅游市场，助推文旅行业全面复苏，推动文化旅游产业高质量发展。

二、内容与创新点

（一）政府高度重视，高位推动主题宣传

《去有风的地方》成为大理"最好的旅游宣传片"是云南省、大理州相关部门与影视制作团队互相成就的结果。从筹备、拍摄到后续宣传，云南省及大理州的宣传文旅部门跟影视制作团队保持密切沟通，提供了取景拍摄等一系列支持，特别主场景凤阳邑村的场景改建方面，提供很多帮助，使得拍摄最终顺利完成。2023 年 1

春节大理旅游人山人海

月 20 日，大理州委、州政府专门给剧组发出感谢信，感谢该剧对大理的宣传和推介，在全网引发热议。1 月 28 日，大理州政府召开的 2023 年全州春节假日旅游总结暨旅游品质提升工作会议中提出，要精心设计"去有风的地方打卡路线图"，尽快推出围炉煮茶、咖啡之城、文创文艺等产品业态，全面提升玩的品质。3 月 7 日，全国人大代表、云南省委书记王宁通过人民网致信网友，欢迎大家来体验"有一种叫云南的生活"。信中提道："春节期间，电视剧《去有风的地方》，让云南旅游再次火爆出圈，'一半中国人在云南'一度刷屏网络。大家送出的关爱之风、创意之风正助力云南旅游蓄风起势、强劲复苏。"

（二）积极组织媒体宣传，全面开展话题营销

围绕《去有风的地方》电视剧产生的各类话题和取景地、非遗、美食等内容，

《人民日报》、新华社、《光明日报》《工人日报》、学习强国、《中国艺术报》《中国青年报》、中国农网、《云南日报》等百余家权威媒体纷纷高频点赞。云南省、大理州组织各大媒体积极宣传，围绕"去有风的地方 品最美的风物"推出众多"跟着电视剧来打卡"旅游地、非遗、民族风情、高原农特产品等众多内容，在网络上与电视剧热播形成相辅相成之势，为旅游业复苏营造良好氛围。大理州文化和旅游局积极利用旗下新媒体平台，通过主持和参与话题的方式做好引流宣传。其中"李现刘亦菲新剧掀大理旅游热"话题上榜微博热搜主榜 TOP22，"有一种生活叫大理"话题上榜微博旅游全国榜 TOP16。还有"独属大理洱海的冬日仪式感""大理有多美"等话题登上热搜。仅 1 月 10 日一天，就有与大理旅游相关的 6 个话题登上热搜。全媒体宣传，推动云南旅游、非遗实现多圈层传播，吸引了亿万网民关注讨论。

（三）大力开展活动营销，流量全面转化留量

借助电视剧热播，结合"围炉煮茶"新生活方式的流行，依托大理丰富的茶文化底蕴，举办"茶和天下 共享非遗"之"茶香大理"的活动，打造围炉煮茶新场景，引领生活方式新消费。举办"去有风的地方 品最美的风物"主题分享活动，邀请扮演者来到现场，分享拍剧心得，相关县（市）取景地的负责人和网络达人做精彩推介。举办"侬好大理——去有风的地方"文旅招商推介会和美好生活市集，进一步推介大理文旅资源，展示"有一种生活叫大理"的生活方式，掀起旅居大理

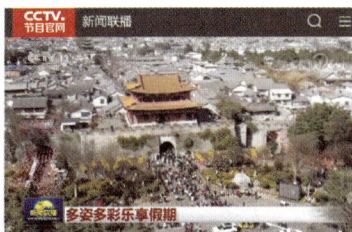

各大权威媒体宣传

上榜多平台春节出游数据榜单

新风尚。同时分批次发放 2000 万元定向上海文旅惠民补贴和 1000 万元航线引流补贴，通过优惠措施最大化将电视剧带来的线上流量转化为游客的"留量"。

三、主要成效

（一）助力品牌影响迅速扩大

电视剧《去有风的地方》以田园治愈作为题材定位，用诗意化的表达手法展现温情恬静的当代乡村生活。"去有风的地方　品最美的风物"影视＋文旅宣传推广活动围绕"田园治愈"这一题材定位，深化大理自由、浪漫、闲适、文艺等大众向往的旅游人设，为"有一种生活叫大理"的新文旅 IP 赋予新内涵。2023 年春节期间，《人民日报》、中央广播电视总台、新华社、新华网、央视新闻等媒体密集关注云南大理旅游恢复情况，大理旅游的品牌影响力、知名度进一步提升。相关平台数据显示，《去有风的地方》开播一周，云南相关搜索量暴涨，大理增长近 2 倍，沙溪古镇增长 10 倍多，凤阳邑暴涨 50 倍。百度指数显示，"云南""大理"百度指数峰值较一个月前增长近 2 倍，"沙溪古镇"增长近 4 倍。鲜花饼、乳扇等云南特色美食在购物 App 中搜索量连续 7 天持续增长，大理鲜花饼多次登顶淘宝热搜。

（二）助力旅游市场火爆出圈

2023 年春节假期，云南省共接待游客 4514.61 万人次，同比增长 244.7%，实现旅游收入 384.35 亿元，同比增长 249.4%，分别恢复至 2019 年的 130.3% 和 132.5%，继2022 年暑期单月历史最高后，再创假日旅游历史新高。大理全州共接待游客 423.93

万人次，实现旅游总收入 31.6 亿元，同比增长 219%、162%，火热盛况超过疫前、创历史新高，呈现"人山人海""一房难求"的市场旺象，实现火爆出圈，成为全国最热旅游目的地。同时，大理还上榜了多平台春节出游数据榜单：美团 2023 年春节消费数据，大理满房率全国第一；途家《2023 春节数据报告》，大理位列春节民宿预订热门城市榜首；途牛数据，大理位列跨省游十大热门目的地榜首；飞猪春节出游快报，大理上榜民宿预订最热的目的地之一；中国移动兔年春节大数据，大理古城上榜2023 年最热旅游景点 TOP5，双廊村上榜全国乡村旅游 NO.5；支付宝《2023 年春节消费观察》，大理上榜最热门文旅消费城市，支付宝消费金额同比增长超一倍。

（三）推动文旅产业高质量发展

宣传活动不仅带火凤阳邑村、沙溪古镇、喜洲古镇、大理古城等取景地，而且带火了木雕、白族扎染、白族刺绣等非遗产品，还带火了鲜花饼、乳扇等当地特色产品，对大理文旅产业链起到全面的带动作用。2023 年大理州政府工作报告提出，要围绕《去有风的地方》取景点做好提升完善和新景点开发打造。同程研究院数据显示，2023 年 2 月，"五一"假期相关旅游搜索热度增长超过 50%，其中"民宿"和"赏花"是假期人们最关注的出游关键词。大理有的网红民宿"五一"当天已显示满房。

专家点评

第一，这是一个通过影视营销带火一个目的地的典型案例。但是影视剧的热播本身不会自动带给旅游目的地流量和消费，这就需要系统谋划影视剧热播和目的地供给之间的话题连接。在这方面大理的工作十分扎实，围绕《去有风的地方》电视剧产生的各类话题和取景地、非遗、美食等内容，通过大量权威媒体点赞报道，主动组织设置话题以及相继推出"跟着电视剧来打卡"的消费内容，微博相关话题阅读量超 203 亿，2023 抖音首个主话题播放量破百亿剧集，取得了突出的经济带动效果。

第二，高度重视剧集热播和消费潮流进行有效组合，带动线上流量和线下留量的有效转化，流量更多地转化成了实实在在的销量。这才是营销的最终目的。同时，营销案例对"有一种生活叫大理"的 IP 提供了很好的支撑，深化了大理自由、浪漫、闲适、文艺的形象，有利于其长期持续的发展。

林芝旅游形象大使暨第七届 "桃花仙子" 选拔活动

西藏自治区林芝市旅游发展局

根据西藏自治区党委、政府关于特色旅游产业的决策部署和林芝市委、市政府制定的"11364"发展思路，紧扣围绕林芝打造成"国际生态旅游区和全域旅游示范区"建设目标，坚持"绿色打底、山河为骨、文化为魂"构建全域旅游格局，着眼"疫情要防住、经济要稳住、发展要安全"的思路，努力克服疫情带来的不利影响，主动作为，攻坚克难，扎实推动西藏全区旅游开篇之作林芝桃花旅游文化节工作，精心开展了 2022 年林芝旅游形象大使暨第七届"桃花仙子"选拔活动，评选

活动现场

出美丽、善良、智慧、向上的"桃花仙子",并授予"林芝旅游形象大使"的称号,通过"桃花仙子"宣传推广林芝旅游,对提振疫情之下的旅游市场信心和加快旅游业恢复发展发挥了积极的作用。

一、主要成效

2022 年年初开始启动林芝旅游形象大使暨第七届"桃花仙子"选拔活动以来,采取线上线下结合的宣传推广方式,招募超过 60 余名选手报名参赛,经初选、复赛、决赛等选拔活动,评选出 15 名参赛选手成为"桃花仙子",其间,网络上有 115 万人次关注了此次活动,并对林芝的经济和社会效益方面产生了积极影响。

(一)"桃花仙子"选拔活动带动旅游经济增长

据统计,2022 年 1—3 月,全市累计接待国内外游客 115.56 万人次,实现旅游总收入 9.12 亿元(其中,3 月全市共接待国内外游客 56.98 万人次,实现旅游总收入 4.8 亿元)。

(二)打响"桃花仙子"旅游品牌美誉度

主流媒体包括西藏广播电视台、林芝广播电视台等均对"桃花仙子"选拔活动进行了宣传报道,本次活动还受到腾讯新闻、今日头条、百度百家号、新浪、知乎、豆瓣、小红书等网络媒体的广泛关注,发稿和转发 100 余次,另外,在线下人流聚集地张贴招募海报、户外 LED 屏上播放招募广告、制作精美宣传展架等形式宣传推广活动,进一步提升了"桃花仙子"旅游品牌知名度。

(三)打造生态文旅融合新形象

按照"坚持以文塑旅、以旅彰文,推进文化和旅游深度融合发展"重要理念,以"桃花仙子"之名,从形象气质、才艺展示、语言表达等方面评选出综合表现好的选手,以"林芝旅游形象大使"身份,通过讲好林芝故事、传播林芝好声音,吸

活动现场

引更多人来林芝旅游，切实推动文化和旅游在更多层面上进行深度融合。

（四）"桃花仙子"带动乡村旅游发展

据统计，2022 年 1—3 月，全市各类旅游业主体累计带动农牧民转移就业 4913 人，实现转移就业收入 1547.94 万元（其中 3 月，累计带动农牧民转移就业 1759 人，实现转移就业收入 577 万元），其中巴宜区嘎啦村和朵当村、工布江达县巴松措结巴村、米林县索松村、察隅县罗马村、波密桃花谷如纳村等桃花集美的村庄成为网红打卡点，吸引全国各地的游客打卡，促进乡村旅游发展，带动周边群众致富。

（五）有力提振旅游市场信心

2022 年国内疫情反复之下，很多涉旅企业关门歇业，旅游市场陷入萧条。林芝在做好疫情防控措施的前提下，2022 年的开春之际，举办了林芝旅游形象大使暨第七届"桃花仙子"选拔活动，为全世界疫情阴霾之下的人们带来了听觉、视觉的盛宴，又给无所适从的旅游市场带来了巨大信心。

二、主要举措

通过官方媒体、网络媒体、线下推广等平台全方位、多角度、多维度宣传报道"桃花仙子"的选拔过程，持续宣传推广林芝旅游资源，旨在动员全社会的力量，共同把"桃花仙子"品牌深入人心，扩大旅游市场影响力。

（一）全市文旅部门联动，线上线下开展选拔活动

林芝6县1区文旅部门联动，各自开展林芝旅游形象大使暨第七届"桃花仙子"选拔活动，充分调动全市人民的参与热情，每县（区）选送"桃花仙子"候选人（3～5名）参加市旅发局承办的大型选拔活动，营造百花齐放、争奇斗艳的浓厚宣传攻势。

（二）利用互联网资源，招募全国优秀选手

通过线上在全国范围内公开招募"桃花仙子"参赛选手，以开放、包容、公开的态度，吸引国内符合条件的选手，不断加强宣传力度，为"林芝桃花节"宣传造势，做好"引客入林"的前期准备。

活动现场

（三）精心培育参赛选手，打造心目中的"桃花仙子"

通过邀请专业老师对"桃花仙子"选手进行培训，深入挖掘"桃花仙子"参赛选手的优秀潜力，进一步提升参赛选手的文化素养，力争展现符合人们心中的"桃花仙子"形象。

（四）跟踪报道活动全程，持续加大宣传推广力度

跟进报道初选、复赛、决赛等选拔活动的全过程，及时推送以"桃花仙子"为主题的文章，不断制造新闻热点，吸引全国的关注，特别在"林芝桃花节"开幕式上隆重亮相，把开幕式现场气氛推向高潮。

三、创新和亮点

经过网络查询和现场调查了解，"桃花仙子"活动在国内的知名度较高，其创新和亮点发挥了重要作用。

参赛选手

（一）创新打造生态文旅融合的产品

充分利用桃花集美的生态资源与民间传说结合，创新推出了"林芝旅游形象大使暨桃花仙子"选拔活动，参赛选手通过展示文化素养和才艺的方式，展示地方文化特色，有力弘扬了优秀文化，扩大推广了旅游资源，发展了很多网红打卡点，促进了乡村旅游发展。

（二）创新呈现人与自然和谐之美

3月的林芝，各地桃花绽放在山坡上、峡谷中、江河岸、田园间，完美呈现诗和远方的梦幻场景，尤其是"桃花仙子"选手与桃花同框，在桃花下翩翩起舞、灿烂微笑的画面，完美呈现了"你中有我，我中有你"的人与自然和谐之美，向全世界传达了构建人与自然生命共同体的重要性、必要性。

（三）创新输入开放的发展理念

自创办"桃花仙子"选拔活动以来，以在当地群众中选拔"桃花仙子"选手为

参赛选手

主，随着旅游发展的需要，打破本地选拔"桃花仙子"的壁垒，以开放、包容、公开的发展理念，在全国范围内招募"桃花仙子"。根据 2022 年的报名情况，除林芝藏族外，其他民族的选手明显增多，参与热情均比往年高。

（四）创新采取全国招募路线

创办"桃花仙子"选拔活动的初衷就是挖掘本地广大农村中符合条件的人才资源和优秀的传统文化，通过村委会推荐和个人报名等方式评选。为打造世界旅游目的地，采取了全国招募路线，既要从全国范围内招募选手，也不能放弃农村的主战场，从宣传力度和活动规模上不断加码，从而评选出人们心目中的"桃花仙子"，不断提升林芝旅游品牌影响力。

（五）创新让"桃花仙子"行"林芝旅游形象大使"之责

随着林芝旅游业的迅猛发展，旅游部门的对外推介任务多，不少选拔评出的"桃花仙子"，自愿行使"林芝旅游形象大使"之责，参加政府组织的各种旅游推介活动，达到了良好的旅游推广效果。2022 年评出的 15 名优秀的"桃花仙子"，纷纷利用自媒体平台宣传推广林芝旅游，获得了很多网民的点赞和积极的评论。

专家点评

桃花旅游文化节已经成为西藏林芝旅游的重要抓手。每年三四月，林芝桃花节，都会吸引来自全国各地的游客奔赴"西藏小江南"林芝，在最美的季节进行游览。作为每年林芝桃花节的重头戏，"桃花仙子"的选拔也成为林芝旅游宣传推广的点睛之笔。2023 年，林芝旅游形象大使暨第七届"桃花仙子"选拔活动，通过层层选拔，决赛选手通过歌曲舞蹈、绘画茶艺等形式展演，评选出"桃花仙子"冠军和 15 位"林芝旅游形象大使"，他们将代表林芝旅游新形象，担当起林芝旅游宣传、推广、营销的重任，对外展示林芝生态旅游软实力，讲好林芝故事，传播旅游好声音。连续 7 届的"桃花仙子"选拔，也成为林芝桃花节最佳代言，在宣传推广中取得了丰硕的成果。

冰火《长恨歌》
——用冰雪"冷资源"舞出文旅融合"热经济"案例

陕西省西安市文化和旅游局

作为中国首部大型实景历史舞剧,《长恨歌》以白居易传世名篇《长恨歌》为蓝本,再现了1300多年前华清宫里发生的唐玄宗与杨玉环的故事。演出17年来,舞剧《长恨歌》于每年3月至11月上演,成为陕西旅游的"金边名片",赢得了无数观众的认可和赞美。

活动现场

《长恨歌》剧照

深度挖掘、打破常规、创新形式，是舞剧《长恨歌》常演常新高质量发展的重要方式。为探索北方冬季实景演艺行业的发展新路径，谋求适应当下社会环境的旅游新格局，作为国家标准的缔造者、国内旅游演艺的领航者，华清宫在陕旅集团的带领下打破中国北方冬季实景演艺的零突破，积极探索新路径，应变局、开新局，顺势而为，推出冬季版冰火《长恨歌》，于 2021 年 12 月 3 日正式公演。2022 年 12 月 10 日，冬季版冰火《长恨歌》在疫情防控放开后迅速组织开演，打响中国文旅演艺复苏第一枪。

一、案例亮点

（一）精益求精，艺术效果更新

《长恨歌》团队长期致力于对演出进行思考与探索，冰火《长恨歌》便是团队在实景演艺上的又一创新。通过舞台的艺术布景，不仅在形象上实现了全新的突破，在舞美、编排、高科技运用等方面也进行了重要升级，增加了雪景、冰效、火把、火海等冰火元素及全新安全的火控系统，通过舞台的艺术布景，营造出霜雪铺陈、寒冰倒挂的景象。

（二）一票难求，常态化演出"三场模式"

2023 年春节假期，冰火《长恨歌》接待量再创新高，首次于冬季开启三场模式。自 2023 年元旦起，共演出 58 天 133 场，接待 30 余万人，创收近 7000 万元，接待量、总营收再创新高。这份成绩已经超过 2019 年暑期旺季时的经营数据，经营收入更是相当于国内成熟演艺一年的总收入。

（三）抓住新媒体矩阵，全网求看《长恨歌》

短视频、直播崛起，让旅游目的地的形象展现得更加真实、立体，并且能够帮助旅游企业提升品牌曝光度和知名度，实现从线上"种草"传播到线下销售转化的数字化经营阵地。华清宫景区文化深厚，资源丰富，实景演艺成熟，华清宫通过抖音等新媒体平台，搭上短视频快车借力营销，加速融合线上线下，构建华清宫新媒体营销矩阵，强化直播平台的创新性营销。"长恨歌 BE 美学""天上宫阙""黑夜里的一道光"等网络话题，以及在抖音开展的 # 谁还不是杨贵妃 # 心动了国潮 # 古今华清宫等挑战赛，有效吸引年轻人参与拍摄短视频，提高了冰火《长恨歌》的关注度，使华清宫不断提升网络影响力。

冰火《长恨歌》依托华清宫景区唐宫历史文化，深度挖掘中国传统文化价值点，通过活动事件和话题操作，结合华清宫景区官方微信、微博、抖音等平台营销，持续输出相关信息，保障线上信息曝光的持续性，全网传播影响覆盖达千万级

《长恨歌》剧照

人群，有效提升冰火《长恨歌》的品牌知名度和影响力，微博、抖音、小红书……随处可见冰火《长恨歌》的好口碑。

（四）央媒点赞，助力消费复苏动力足

2023 年 1 月 14 日，《人民日报》头版以《出实招，消费复苏动力足（坚定信心开局起步）》为题，报道华清宫景区积极创新，适应冬季旅游推出冰火《长恨歌》。报道中提出："我国消费升级步伐加快，居民消费呈现多样化、多层次、多方面的特点。通过增加高质量产品和服务供给，不断提升国内供给质量水平，推动供需在更高水平上实现良性循环，可以让消费潜力进一步释放出来。"

同时，冰火《长恨歌》多次登上央视频道，分别在 CCTV-1、CCTV-2、CCTV-13 等频道多时段、多频次播出报道。除此之外，华清宫获得《光明日报》《中国文化报》、陕西新闻联播、陕西起点新闻、西安发布、西部网、华商网、腾讯大秦网、临潼融媒体等媒体聚焦，纷纷报道冰火《长恨歌》演出盛况。

（五）紧跟热点，用好网络黄金时间

春节期间，来自江苏的女孩"林姑娘"的一条抖音视频"离开前送给西安一束

剧照

花"爆红网络，视频中她表示很遗憾没看到舞剧冰火《长恨歌》。1月26日，在知道林姑娘的遗憾后，华清宫景区党委书记、董事长姚新垣当晚就在《长恨歌》表演舞台旁录制了视频向林姑娘发出观演邀请，并在抖音以及华清宫官方各网络平台同步发布。同时，向林姑娘邮寄了华清宫门票、《长恨歌》演出票、华清御汤酒店体验券以及华清文创礼品等华清产品。视频一经发布，不止林姑娘本人感动于华清宫的邀请，也收获了许多网友的暖心点赞，一来一回，主客共享的城市温度彰显。陕西电视台、《陕西日报》《三秦都市报》、西安发布、学习强国等媒体也纷纷报道，网络曝光量达 200 万人次。华清宫景区对此次"林姑娘"视频迅速给出的回应，使景区既获得了好口碑，又得到了营销热度，网友点赞华清宫是第一个"说到做到"的景区。

（六）抓住消费新群体，与"Z 世代"青年沉浸式互动

"回复林姑娘"事件的操作正是从吸引年轻群体的全新营销模式出发，开启一系列吸睛操作。在目的地营销场景下，账号方、运营平台、KOL 与用户共同组成了一股合力。抓住消费新群体，与"Z 世代"青年沉浸式互动，在年轻人喜爱的抖音、小红书、微博、B 站等新媒体上，华清宫一直在输出短视频内容，创新华清故事讲

剧照

259

述方式，为这个古老园林赋予更多年轻元素。

文化深厚，资源丰富，实景演艺成熟，华清宫在借抖音等短视频之势的实际推广中，主动搭建和传播优质内容、紧密契合平台用户以及合理运用共生机制成为最终制胜的三板斧。近年来华清宫景区通过网络热点的元素策划并制作出属于当地的文旅爆款视频，持续开展的"云游华清"系列线上直播以及"一眼千年阅华清"云游直播等活动均受到粉丝的喜爱。

二、主要成效

（一）旅游经济效益

近年受疫情防控、跨省游熔断及西安文旅场所几次短暂停业影响，西安旅游市场遭受巨大打击，市场景气度持续低迷，旅游演艺行业更是随着天气的转冷。陕旅集团华清宫景区及《长恨歌》团队积极探索新路径，反寒潮为热流，在冬日绽放似火热情，冰火《长恨歌》的重磅推出，2022 版冰火《长恨歌》的启动，更是打响了中国旅游演艺复苏的第一枪。

冰火《长恨歌》演出季从 12 月初到来年 2 月底，横跨元旦及春节假期。常态化的演出，优化了产品供给，逆势破局，打破了行业格局与时间格局，实现了北方冬季室外实景演出"零"的突破。不仅提升演出项目的经济效益，同时带动全域旅游冬季夜经济，将西安冬季旅游的季节劣势转化为差异化体验的优势，变"冷资源"为"热经济"，为推进北方冬季旅游、促进北方实景演艺行业发展、实现季节与区域平衡、推动旅游产业协调发展，发挥着积极引领作用。

（二）社会文化效益

文旅行业告别"疫"时代，迎来新生。疫情防控"新十条"以及文化和旅游部疫情防控工作新版修订指南的出台，充分体现了国家对经济复苏的决心与信心，势将拉响文旅行业复苏的号角。

冰火《长恨歌》的常态化演出，在为冬季来陕游客提供新的文旅产品的同时，

演员排练

与"中国年·看西安""千年古都·常来长安"等品牌一起形成合力,不仅壮大了西安冬季旅游市场规模,刺激带动全省旅游业的恢复发展,也丰富了人们对美好生活的向往,更是为陕西文化旅游事业的复苏、为文旅产业融合发展按下了"快进键"。

(三)文旅人精神

冰火《长恨歌》不仅是一台舞剧,也是一种情怀,更是一份文旅人的勇敢、坚守与担当。北方冬季室外几近0℃,舞台结冰、衣裙结冰、手被冻得皲裂……没有人怕苦怕累,所有人都以饱满的精神面貌登上舞台,用专业的舞蹈动作,给观众带来一场完美的视觉盛宴。无数演职人员,每天坚守在岗位上,满怀热忱,在三九寒冬以血肉之躯对抗严寒,坚韧不拔,用意志、品质砥砺前行,为中国文旅演艺复苏勇毅前行。

冰火《长恨歌》开辟了中国北方旅游演艺新的"蓝海"。展望文旅融合前景,华清宫会继续探索创新形式,传播中华文化,努力唱响北方文旅的四季歌。讲好陕西故事,进而讲好中国故事。

专家点评

　　《长恨歌》是根据白居易传世名篇改编的首部大型实景历史舞剧，将历史故事与实景演出相结合，让观众领略 1000 多年前发生在骊山脚下、华清池畔的盛唐文化，已经成为陕西旅游的一块金字招牌。此次陕旅集团推出的冬季版冰火《长恨歌》踏雪而来，是针对游客需求变化和产品转型升级需要，对传统文化旅游产品的又一次创新，使接待量再创新高。"霜雪覆盖在宫殿之上，寒冰倒挂在屋檐之下，火把、火海把冬日的骊宫夜空渲染得火热而浪漫"，这也预示着不管疫情影响有多困难，只要文旅人齐心协力，敢于创新，一定能加快文旅消费复苏，为中国旅游演艺事业发展做出贡献！

打造铁旅融合品牌服务
"引客入甘"

甘肃省文化和旅游厅

一、案例简介

"环西部火车游"旅游产品是甘肃省文化和旅游厅与中国铁路兰州局集团有限公司联合打造的面向西部乃至全国推广的王牌旅游产品，与乘坐汽车和飞机等旅游公共交通工具相比，"环西部火车游"旅游专列的交通优势和安全优势更加明显，被称为"陆上邮轮""梦想旅游专列"。随着政企合力持续发力，创造性推动"环西部火车游"在展示形象、产品升级、引客招商、服务大局中发挥重要作用，已经成为

首发仪式现场

"环西部火车游·崆峒号"品牌列车

丝绸之路旅游的一张亮丽名片。2022 年推出的"环西部火车游·崆峒号"品牌列车，在高效统筹经济社会发展方面发挥了重要作用，树立了交旅融合服务地方发展的"平凉样板"。

二、活动内容和创新点

（一）坚持政企合作共建，合力打造"环西部火车游"品牌

"环西部火车游"由甘肃省文旅厅与中国铁路兰州局集团于 2018 年 4 月联合推出，采取"政企合作共建、交旅融合驱动、多元营销带动、市场经营运作"的合作模式延伸火车服务，将景点、游客和旅行社串联打造"铁路 + 文化旅游"精品旅游专列项目。省文旅厅已累计投入 1500 多万元，多措并举加大引客入甘力度，全面提升"环西部火车游"品牌的知名度和影响力。2018—2021 年，"环西部火车游"累计开行专列 178 列，组织游客 15.67 万人，实现旅游收入 1.37 亿元。

（二）探索跨省合作机制，服务"一带一路"建设国家战略

甘肃省文旅厅采取跨省设置合作议题，联合兄弟省份文旅部门和铁路部门共同开展主题推广营销、列车冠名宣传、组团开拓市场等措施，全力打造"环西部火车游"品牌产品，主动服务"一带一路"建设、推进西部大开发形成新格局、"三区三州"脱贫攻坚、构建"双循环"新发展格局等国家战略。2019 年，发挥甘肃省作为"三区三州"旅游大环线宣传推广联盟秘书处作用，协调开通"环西部火车游"——"三区三州"旅游大环线专列。目前，已累计开行"三区三州"主题旅游专列 26 列，组织游客 2.87 万人，实现旅游收入 1331 万元，带动"三区三州"贫困地区贫困人口通过参与文化和旅游发展实现脱贫致富。2020 年，组团赴川渝桂陕宁青新七省区市，共同组织开展"联通陆海丝·助推双循环"——甘肃文旅"环西部火车游"主题推广营销活动，签订跨省合作协议 92 个，联通了陆上丝绸之路和海上丝绸之路大环线。2021 年，与中国铁路兰州局集团合作，扩大"交响丝路、如意甘肃"品牌列车冠名宣传，推出以全省特色文旅元素设计打造的 D754/3 次兰州—重庆北复兴号、

D762/4 次兰州—成都东复兴号动车组列车。

（三）破解交通制约瓶颈，打造交旅融合的"平凉样板"

2022 年，为用好用活铁路资源，解决平凉市交通制约瓶颈问题，甘肃省文旅厅投入 100 万元，协调平凉市政府投入 390 万元，与中国铁路兰州局集团合作开通运营"环西部火车游·崆峒号"品牌列车，于 6 月 10—13 日组织举办了首发仪式、"引客入平"宣传推介和项目签约等活动，并以 6 组复兴号"绿巨人"动车和 1 组和谐号动车为载体，完成"交响丝路·如意甘肃"品牌列车冠名宣传项目。"环西部火车游·崆峒号"品牌列车运行线路突出"慢游、静修、颐养"的甘肃旅游品质特色，从兰州出发至平凉每周运行一趟，有效发挥了"引客入平"的积极作用。克服疫情影响，"环西部火车游·崆峒号"旅游列车 2022 年共开行 6 趟，组织甘、宁两省游客 1296 人，直接带动旅游收入 260 万元。下一步，甘肃省文旅厅将以"定了就干、马上就办"的务实作风融会贯通、狠抓落实，努力把"崆峒号"打造成精品列车、惠民列车、和谐列车，持续深化铁路与文化旅游等产业融合发展，下足"绣花"功夫做强做大"环西部火车游"品牌及其系列产品，聚合更多人流、物流、资金流、信息流，为助推全省文旅复苏发展和经济社会高质量发展跑出加速度、做出新贡献。

专家点评

　　"环西部火车游"是甘肃省文化和旅游厅持续多年打造的旅游品牌，铁路旅游并不是新事物、新产品，但甘肃文旅政企相互协作，只要旅客的旅游意愿在哪里，"环西部火车游"旅游专列就往哪里开行，更好地满足游客出游需求。这是文旅部门与铁路集团合作共建的又一典范，两部门及时精准掌握旅游市场动态，深度挖掘整合特色旅游资源，精心设计专列线路，策划推出旅游优质产品，产品更能突出"慢游、静修、颐养"的甘肃旅游品质特色。因此，游客跟随"环西部火车游"，不仅能领略到西北雄奇壮观的风光，还能体验优质的列车旅游生活。

《大美青海·生态之旅》青海冬季旅游宣传片创意摄制及推广项目

青海省文化和旅游厅

一、项目背景

近年来，青海的夏季旅游发展如火如荼。随着全国乃至世界各地游客的涌入，青海省旅游收入逐年增长，为当地经济发展带来了显著的推动力。特别是青海省打造"生态旅游目的地"以来，青海生态旅游发展步伐更加迅速。这一举措不仅让各地游客享受到了青海独具特色而又壮美的自然风光，也展示了青海独有的生态之美，并为生态环境保护做出了贡献。

尽管青海夏季的旅游业正在蓬勃发展，但青海冬季的旅游市场仍有很大潜力和

《大美青海·生态之旅》青海冬季旅游宣传片截图

《大美青海·生态之旅》青海冬季旅游宣传片截图

机会。青海冬季的独特文化和景观，如青海湖冬季的冰雪美景和独特的民俗活动，都是值得游客们探访的。此外，冬季青海的美食，如酥油茶、糌粑和青海土火锅等，更是特别适合冬季品尝。青海的冬季还有趣味十足的冰雪运动。青海，不但有夏日美景，而且是一个非常值得探访的冬季旅游目的地。

二、项目创意

为了充分展示青海省丰富的冬季旅游资源，青海省文化和旅游厅借助"相约北京"奥林匹克文化节"省市文化周"系列活动平台，以影视演员康磊、影视导演龚朝晖、歌手郭艳华在冬季青海的亲身体验为主线，将相关人物、情节巧妙串联，从多个角度、多个方面展现了冬季青海的美景、独特的冬季体验项目、青海的民俗文化和非物质文化遗产等内容，为游客呈现更加丰富多彩的青海冬季旅游风貌。

本片突出以下观感：快慢结合——展现出冰雪运动之"快"与文化体验之"慢"；冰雪运动与文化体验的结合也让人们更深入地了解了青海的文化底蕴和历史背景。动静对比——展现出青海冬季大自然的静谧、宁静和清新，在这样的环境中人们可以放松身心，远离喧嚣。同时，青海人民欢庆热烈的生活氛围也是值得一提的。传统与现代——展现出青海的文化传统与现代城市发展，让人们更好地了解了青海的历史和文化，以及青海的发展与进步。生态友好——冬季青海野生动物的自在生活与人和谐共处，这也是青海的一大特色。在这里，人们能够感受到大自然的美好和神秘，以及人与自然和谐相处的重要性。民族团结——展现出青海独有少数

民族土族、撒拉族热情好客，以及藏族、回族等各民族的多样文化和生活方式；这也是青海的一大魅力所在，让人们更好地了解和感受到青海的多元文化。

三、项目主要内容

项目以人文、非遗、旅游、体育为主题，借助"相约北京"奥林匹克文化节"省市文化周"系列活动平台，集中展现青海丰富的文体旅资源。通过影视演员康磊、影视导演龚朝晖、歌手郭艳华在冬季青海的亲身体验为主线，引领观众共同感受青海的风土人情，体验非遗魅力，品尝当地美食，挖掘城市故事，以综艺短片的方式展现大美青海的魅力，引发观众共鸣。本项目创意、摄制了10分钟版本《大美青海·生态之旅》青海冬季旅游宣传片，剪辑形成了3分钟版短视频，并剪辑了20段1分钟版本短视频。

本片涉及青海省国家级非遗项目：游览塔尔寺，领略酥油花令人惊叹的技艺及特殊的制作环境；欣赏湟中非遗——银铜器制作；寻访国家级非遗唐卡传承人，领略热贡艺术，并体验唐卡绘制；在袁家村·河湟印象文旅小镇观赏青海平弦曲艺、悠闲地刮碗子；体验参观青海省级非遗——青稞酒的酿造，并品味青海青稞酒；共同游览互助土族故土园，并欣赏体验土族轮子秋、土族婚礼、盘绣。

本片展示了青海特色美食：烤羊肉串、尕面片、青海炕锅羊肉、青海撒拉宴、青海特色面点、老八盘、青海土火锅等。本片还涉及冰球、冰上芭蕾、滑雪、雪中赛马等体育项目。

《大美青海·生态之旅》青海冬季旅游宣传片截图

四、宣传投放

本片制作完成后，通过"相约北京"奥林匹克文化节"省市文化周"活动，北京冬奥组委统一宣传平台及根据本片打造的媒体宣传矩阵，进行多平台推送及扩散传播。

在"相约北京"奥林匹克文化节"省市文化周"宣传平台方面：本片在学习强国、新华网客户端、央视频、腾讯视频、视频号、抖音、快手、爱奇艺、QQ 音乐、酷狗音乐、BRTV 北京时间、青海广播电视台等传统媒体及新媒体平台，总计播放量突破 800 万，借冬奥奇迹，引领广大受众赏青海美景。

为本片打造媒体宣传矩阵，通过微信朋友圈广告、今日头条视频推送、微信、微博、旅拍、视频号、星球号等平台，打造青海旅游综艺短片的媒体宣传矩阵，精准信息推送，多平台同步扩散传播，形成市场传播的长尾效应，通过热门渠道精准投放、新媒体精准覆盖等，曝光量超 1700 万人次，广泛覆盖青海省内外市民和游客，引导大家共赏大美青海。

2022 年 12 月，结合部省合作项目，本片在"安曼中国文化中心"的自媒体账号的海外平台进行了宣传推广，在约旦取得了一定的宣传效果。

五、项目成效

通过本片的摄制、宣传，让广大游客领略到青海冬季独特的文化和景观，让

大美青海冬季旅游承载文化的交流和沟通。通过本片，向全国更多的游客展示青海的独特之处，让他们更深入地了解和掌握青海的文化，有望吸引更多的游客来到青海，让他们感受到青海冬季旅游的魅力，同时也促进了文化的交流和沟通。

专家点评

　　西北的冬季旅游产品越来越受到游客们的关注，特别是冬季的青海湖、茶卡盐湖和莫高窟，在冬季冰雪的装扮下，更有着独特的景色和风味。为了更好地突出特色，打造冬季旅游品牌，宣传冬季旅游资源，青海文化和旅游厅制作创意的旅游宣传片，从多个角度、多个方面展现冬季青海的美景、独特的冬季体验项目、民俗文化和非物质文化遗产等内容，为游客展现了丰富多彩的青海冬季旅游风貌。同时，借助举办北京冬奥会的契机，在多个媒体渠道进行广泛地宣传推广，吸引了眼球，也吸引了更多的游客冬季来青海旅游。

"星途自驾　乐游宁夏"
2022 年宁夏音乐主题自驾游活动

宁夏回族自治区文化和旅游厅

为推动宁夏自驾游金字招牌、筑建宁夏文化和旅游高质量发展提供新路径，宁夏文化和旅游厅于 2022 年 9 月 2 日起开展了"星途自驾　乐游宁夏——宁夏音乐主题自驾游"活动。本活动围绕"神奇宁夏·星星故乡"文旅品牌，结合国内新锐乐队原创宁夏自驾主题歌曲，将"音乐 + 观星 + 自驾"做成文旅特色 IP，同时打破距离限制，结合自驾游的模式，打造六条宁夏旅游精品自驾线路，提升宁夏旅游产品线路的整体性、品牌化。

活动现场

发车仪式

　　此次活动由百余辆车组成的自驾游车队从贺兰山运动公园发车,在宁夏境内开启自驾星空采风活动,来自全国各地知名自驾车俱乐部、协会代表、音乐、旅游、摄影等超百名达人从不同视角、不同维度挖掘当地自驾风景道的新产品、新亮点,将宁夏的美景和人文风情带给更多的游客,吸引更多人走进星星的故乡感受星途自驾游的乐趣。

一、活动亮点

　　本活动主要内容包含精品自驾线路发布、宁夏自驾主题曲发布、音乐达人自驾之旅、一线旅游平台专题页面推广等。

(一)星途自驾音乐主题采风之旅

　　本活动围绕"音乐 + 观星 + 自驾"的核心模式,邀请以国内新锐音乐人纸盒人乐队为主,来自全国多个省市的自驾游协会、旅游达人、区内资深媒体人,正式开

273

启宁夏音乐观星主题采风之旅等为辅组成的音乐达人体验团，根据自驾线路进行自驾采风之旅。活动中还举办了"沙漠星空音乐会"，邀请了国内新锐音乐人纸盒人乐队及乐队 DJ，篝火晚会、沙漠烟花、露营观星，现场欢歌笑语，氛围浓厚，让采风团达人们享受沙漠中独特的狂欢。

（二）宁夏主题自驾游线路发布

宁夏地理位置优越、交通便利，具备发展自驾游的良好条件，本活动遵循"旅游＋文化"的指导思想，依托宁夏文化旅游品牌特性及优势，如星空文化、黄河文化、红酒文化等，策划打造了多条"宁夏环线自驾游"精品旅游线路：自驾星途—沙漠观星之旅、自驾酒庄—酒庄休闲之旅、自驾宁夏—宁夏北部环线之旅、自驾宁南—南部小环线之旅、自驾宁夏—宁夏大环线之旅、自驾甘青宁大环线—体验西北风景长廊之旅六大主题线路。其路线设置均呈现目的地特色与旅游线路的亮点。并制定一系列线上线下推广营销进行火爆发布，为了在更广的视野和范围内推广传播"星星故乡·神奇宁夏"文化旅游形象，提升品牌知名度，拓展区外客源市场。

（三）宁夏自驾游原创主题曲发布

本活动告别以往单一自驾游采风模式，打造以音乐综艺类型形式，融合多种娱

自驾游主题歌发布现场

乐元素的狂欢盛宴。以"音乐达人自驾游"为整体活动形式概念，在活动期间发布了三首原创宁夏自驾游主题曲《星途宁夏》《唱游宁夏》《国韵宁夏川》，凸显了自驾游出行时尚潮流与多元化内容融合，同时也进一步促进打造宁夏独具特色、长期可持续运行的时尚自驾游文化品牌。

《星途宁夏》是由国内新锐乐队——纸盒人乐队演唱，是一首流行音乐，创作灵感来源一次简单的贺兰山之行，有星光下的沙漠、宁静的晚风、自由的云朵，表达了对自然风光的热爱和对自由的追逐。

《唱游宁夏》一首具有浓郁地区特色风格的歌曲，歌声动人心弦，沁人心脾。一首城市主题曲，其实是与这座城市在文化上的共情，也是对城市文化的弘扬。歌曲把宁夏美景融汇在一起，利用"花儿"唱法更突显着宁夏的独特文化、性格和气质。

《国韵宁夏川》是一首简单又不失内涵、简短又充满饱满情感的歌曲，将宁夏人文融入国粹"秦腔"的味道，阳刚豪放，也符合西北人豪迈的性格。

（四）一线旅游平台助力推广

依托去哪儿网国内一线旅游平台，在其官网及 App 端首页、轮播图、置顶栏发布宁夏主题自驾游精品线路专题页面，进行线上线下联动宣传。

演唱现场

自驾途中

二、主要做法

（一）通过"音乐达人体验团"独特视角

利用短视频、游记、"种草"笔记、VLOG、音乐 MV 等方式讲述宁夏独特风土人情及美丽景致。同时结合音乐属性和粉丝属性，推出文艺性娱乐性的旅行视频，借助达人自媒体以及省内外各类媒体平台的传播优势，宣传和推广宁夏精品自驾游线路，吸引更多的人来到"星星的故乡"给心灵放个假。

（二）运用"旅游＋互联网"思维

以宁夏文旅旗舰店为核心，针对宁夏核心文化旅游资源进行系统性挖掘和整理，加强营销推广，在更广的视野和范围内推广传播宁夏文化旅游形象，提升品牌知名度，拓展客源市场。

（三）利用"多渠道全方位"报道

现场活动进行全程直播，增加了活动时效性和传播力，同时在省内外新媒体平台，如抖音、小红书、视频号、订阅号等自媒体平台即时将采风视频、自驾游主题曲 MV 进行广泛传播。

精彩瞬间

三、主要成果

（一）百人采风团，走进"星星故乡"

活动以"音乐＋观星＋自驾"为主线，将宁夏丰富特色旅游资源串联整合成一条精品"自驾星途——沙漠观星之旅"，此线路能观赏到集戈壁、沙漠、星空、草原、湖水、大山等大西北特有的地貌和风光，也凸显了宁夏拥有丰富景观文旅资源。近百人的采风团不仅享受"音乐＋观星＋自驾游"的乐趣，还亲身体验了不同的地域文化、朴实的自然风光，让大家切身感受到了"星星故乡·神奇宁夏"的魅力。

（二）自驾游主题曲发布，为文旅品牌赋能

在宁夏非遗"花儿"、自然风光、文化资源与音乐相融合下，原创了三首主题曲，歌曲也通过多方媒体平台全方位、多角度、立体化广泛传播，让全国各地游客聆听宁夏的声音。同时在文旅融合发展下，这一次自驾主题曲发布是可贵尝试，不仅作为新的文化资源有很好文化传承性和创新性，还将"自驾宁夏"品牌赋予更多的文化底蕴。

（三）全媒体多形式推广，促进品牌宣传效果

此次活动有人民网、《人民日报》、中国新闻网、国家地理旅游等百家媒体进行

报道，在全网累计曝光量超千万人次，转发推送采风团达人们利用自媒体在公众号、网页新闻、小红书、抖音、视频号等网络平台自发上传短视频超百余条，图文推送超百余条，进一步促进了"自驾宁夏"品牌宣传。

（四）探索全新模式，助力打造"星星故乡"文旅品牌

随着宁夏"星星故乡"文旅 IP 的不断完善，星空旅游业态也越来越丰富。为了更进一步、多层次、多途径展示宁夏旅游业态，宁夏文旅全面升级活动形式，拓展文旅产业消费市场，扩大品牌效应。本活动就是宁夏文旅对"音乐 + 观星 + 自驾"模式的全新探索，也是打造"星星故乡·魅力宁夏"文旅品牌务实、有力的行动。

专家点评

此推广活动主要亮点有：一是内容丰富，精品自驾游线路推出，涵盖星空、酒庄、风光等多种主题，体现地域特色。组织音乐达人采风之旅，结合音乐及观星等互动元素，丰富游客体验。发布自驾游主题曲，突出宁夏文化特色，形成有影响力的文旅品牌。二是宣传全面，多渠道推广，全媒体报道，提升品牌曝光度。利用自媒体达人相互转发，扩大传播效果。在一线旅游平台制作专题页面，提升在线搜索率。三是有助于文旅融合，突出文化元素，将"星空文化"融入自驾游线路。主题曲发布，结合文旅形成独特文化资源。探索"音乐 + 观星 + 自驾"模式，推动旅游与音乐融合。四是助推品牌建设，打造独特观星自驾主题，凸显宁夏特色。利用多种形式宣传推广，提升"星星故乡·神奇宁夏"文旅品牌影响力。不断创新活动内容和形式，为文旅品牌赋能。整体而言，宁夏推广活动通过丰富多样的活动内容与有效的宣传推广，有利于突出宁夏地域特色，提升"星星故乡"文旅品牌影响力，进一步完善和优化了宁夏文化旅游融合度、互动性与体验性。

"遇见赛湖·蓝冰之约" 冰雪欢乐季活动

新疆维吾尔自治区博州赛里木湖管委会

赛里木湖2022—2023年第六届"遇见赛湖·蓝冰之约"冰雪欢乐季（以下简称"欢乐季"）于2023年1月15日至3月15日在新疆博州赛里木湖景区顺利举办。本届欢乐季以"创新文旅结合、增强民众参与、提升品牌影响"为目标，丰富活动内容、增加游客体验、扩大宣传推广，集中展现了赛里木湖5A级旅游景区独特的冰雪资源，在扩大景区市场影响力、提升旅游吸引力方面取得良好的成效。

"遇见赛湖·蓝冰之约"冰雪欢乐季开幕式现场

一、具体做法

（一）逐步打造品牌活动

"遇见赛湖·蓝冰之约"冰雪欢乐季持续举办了六年，逐步成为博州冬季品牌节庆活动。首届赛里木湖蓝冰之约系列活动于 2017 年由景区管理委员会、博州旅游局、博州文体局、赛里木湖旅游投资公司联合举办。自 2018 年起，逐步实现市场化举办模式。为游客带来大型冰雕雪雕展示、冰上文艺演出、冰上汽车漂移表演、冰上汽车拉力赛、滑雪、滑冰、雪地摩托、雪地卡丁车、冰上自行车等冰雪娱乐项目，引来众多游客的关注。2019 年推出首届花灯展，举办元宵节九大主题活动，取得了万人齐欢的良好成果。之后博州一直致力于把此项活动打造为州级品牌旅游节庆活动，通过市场化运营模式进一步提升了欢乐季的知名度和影响力。

（二）活动内容多样化丰富游客体验

赛里木湖 2022—2023 年第六届"遇见赛湖·蓝冰之约"冰雪欢乐季于 2022 年 1 月 15 日盛大启幕，主会场开幕式选定在赛里木湖月亮湾。开幕式当天，现场举办了歌舞表演、赛里木湖高山滑雪场首滑仪式、国家级非物质文化遗产展演、民族服饰走秀、篝火表演、冰雪那达慕等十余项玩冰嬉雪精彩活动，博州领导、各县市、

"遇见赛湖·蓝冰之约"冰雪欢乐季开幕式现场

"遇见赛湖·蓝冰之约"冰雪欢乐季娱乐区

"遇见赛湖·蓝冰之约"冰雪欢乐季冰雕现场

赛管委有关负责同志、赛里木湖高山滑雪场负责同志、各级媒体记者、各族人民群众等8400余人参加了开幕式。在两个月的时间里，欢乐季推出九大类28项活动，串联起赛里木湖各个景点，将景区打造为一个冰雪乐园。其中推出冰上爬犁、UTV越野车、雪地碰碰车、雪地卡丁车、马拉爬犁、冰上碰碰球等系列活动项目，吸引了广大游客前来玩耍。

（三）重视宣传放大欢乐季传播力

欢乐季建立了统一高效的宣传推广机制，充分利用抖音、微信公众号等新媒体，报纸、广播、电视等传统媒体多渠道、全方位开展宣传工作，打造多维宣传推广矩阵，有效放大欢乐季的整体传播力。各主流媒体主动靠前、积极宣传，央视频道（新闻频道、正点财经、午夜新闻、第一时间、新闻直播间）、人民网、新华网、中国新闻社、《光明日报》《中国日报》《新疆日报》、新疆广播电视台、文旅厅宣传推广中心、《博尔塔拉报》等多家媒体平台在全网推送稿件52条，其中区级以上媒体发布43条，全网累计播放量超900万，点赞量22万余人次，网上舆论积极正向，宣传声势强劲，展现了博州立足生态优势和冰雪资源，在推动冰雪运动、冰雪产业、冰雪文化、冰雪旅游等方面取得的丰硕成果。

二、主要成效

（一）助推旅游和文体大融合

2022年欢乐季涵盖了20余项活动，推出非物质文化遗产展演、蓝冰隧道、马车巡游、蓝冰美食节、冰雪全能超强赛及高山滑雪巡回赛等活动，开创了"旅游+文化+体育"新模式，推动博州旅游、文化和体育的深度融合发展。

（二）推动博州冰雪旅游产业发展

本次活动的举办为文旅企业提供了对外交流的合作平台，为博州冬季旅游市场注入了催化剂。活动的顺利举办，牢固树立了"冰天雪地也是金山银山"的发展理念，是贯彻"带动三亿人参与冰雪运动"的一项重要举措，全面提升了博州冰雪旅游产业的发展水平，延长了博州冰雪经济产业链，点亮了赛里木湖景区"遇见赛湖·蓝冰之约"亮丽品牌。

（三）疆内外游客共享欢乐盛宴

欢乐季打造推出的月亮湾冰雕园、灵虾湾滑冰园、金花紫卉野雪乐园等群众性活动，提高了疆内外游客百姓的参与度和满意度，有效提升了广大市民对欢乐季的认同感和参与热情。景区和酒店、餐饮推出的各种优惠措施，让市民游客真正享受到了欢乐季的实惠，使全民共享旅游发展成果。

专家点评

逐步打造本土品牌活动，历届举办不断完善，品牌影响不断增强，这有利于赛里木湖建立独特的冰雪形象，吸引游客。活动内容十分丰富，包括冰雪运动、文化艺术、美食、互动体验等多种形式，充分展现冰雪资源，增强游客体验。同时重视多渠道宣传，利用传统和新媒体全面覆盖，有效扩大活动影响，这种多渠道高调宣传有利于提升品牌知名度。除此之外，本次推广活动注重助推文旅融合发展，从"旅游+文化+体育"多方位发展景区，推动冰雪旅游产业发展，为景区招揽众多类型的游客，带动相关企业和产业发展。同时提高居民参与度，让更多公众共享景区发展红利，增强居民归属感，这又会反哺本地旅游事业，营造"主客共享"的和谐美好氛围。总体而言，该推广活动利用赛里木湖丰富的冰雪资源，采用多元化的方式，不断完善活动形式与内容，并聚焦营造品牌效应，从而服务于景区旅游和产业发展。

东疆夏宫·庙尔沟杏花节
唱响新疆旅游第一抹春

新疆生产建设兵团十三师新星市文化体育广电和旅游局

一、案例简介

东疆夏宫·庙尔沟景区是国家 4A 级旅游景区，地处哈密市区东北方向约 30 公里处，位于东天山主峰喀尔里克峰的南段，这里是天山冲积扇，土地深厚肥沃，气候温和，果木成林，鸟语花香，是古代回王的避暑胜地，现在被称为"城市的后花园"。景区规划面积 350 平方公里，包括庙尔沟、八大石、喀尔里克冰川三大区域，是集山水美景、古佛窟遗址、古烽火台、赤石山、古墓群、怪石滩、藏宝洞、高山

杏花节宣传图片

杏花节开场舞

水库、戈壁滩、戈壁绿洲、原生态民族村、雪山冰川等文化和自然资源于一体的生态旅游度假区，2016 年申报成为国家 4A 级旅游景区。厚重的文化底蕴、奇特的自然景观、多彩的民族风情赋予了这块宝地之灵气，成为疆内外游客消夏避暑、旅游观光、休闲度假的胜地之一。每年三月底、四月初，天山南坡杏花会次第开放，陆续开花吐蕊，给蛰居了一冬天的人们以春的惊喜。一年一度的杏花节，已经成为哈密及周边市民最心心念念的节日。

二、具体做法

（一）官方搭台，唱响主旋律，节庆活动既有"颜"又有"料"

东疆夏宫·庙尔沟杏花节是十三师新星市最亮丽的文旅名片和旅游 IP。十三师一直坚持以"旅游兴疆""文化润疆"政策背景为依托，坚持"文旅兴师"的方针，打造富民产业，构建全域旅游新格局，提升文旅产业的经济效益和社会效益。通过"杏花节"品牌 IP 的打造，对拉动景区营收、增进哈密本地游客出游欲望，逐步使庙尔沟景区成为东疆目标客群远足踏青、赏花休闲、品味民俗的休闲旅游胜地，进一步提升了景区的社会影响力、美誉度，增强了新星市的文化内涵。

杏花节开幕仪式

自第一届庙尔沟杏花节活动开展以来，杏花节活动均是以开放的姿态，引入多种形式的文化与娱乐活动，让游客一到活动现场就会被活动氛围深深打动。每一届杏花节紧紧围绕"赏花"的中心点，搭配不同形式的文体、娱乐活动，积极引进当下广受欢迎的元素，尽情彰显文、旅、体深度融合，给游客全方位多角度的体验。活动期间穿插摄影大赛、短视频大赛、少儿绘画大赛、旗袍走秀、汉服游园、真人"吃鸡"、变形金刚机甲秀、网红打卡墙、网红特色美食、游乐嘉年华、大型风筝秀等丰富多彩的活动，使游客在赏花观景的同时享受文化与艺术及多种娱乐体验。同时爆款产品的导入助力庙尔沟成为"网红打卡地"，燃旅驿站模式为庙尔沟景区策划了戈壁越野、丛林小火车、金帐营地、时尚旅拍、戈壁怪石滩、网红秋千、框景打卡、仙境雾环等潮玩项目的打卡驿站。让景区变得好看好玩，活动有趣丰富，景区本身有"颜"又有"料"。

（二）多阵地宣传，新媒体矩阵搭建口碑话题，传统媒体踢好"临门一脚"

杏花节的宣推工作采取线上线下相结合的方式，主打务实、实效。

根据当地的特点，景区活动宣传主要依靠新媒体渠道，包括抖音、微信、社群等，以及融媒体，快速准确地覆盖景区的受众客群；抖音上举办的"最美杏花仙子"大赛，掀起了全民参与的浪潮，庙尔沟杏花摄影大赛更是让东疆的摄影爱好者摩拳擦掌跃跃欲试，使得景区在新媒体内容产量和质量获得了很好的传播。同时，配合广播电台、户外大屏、高炮等，多维度开展宣传，在当地民众心目中建立起了良好的口碑。

景区方面积极建设自有的宣传渠道，包括景区的微信号、公众号、抖音、快手、小红书、微博、微信社群等，将公域流量逐渐转化为景区的私域流量，建立起景区的铁粉队伍，为景区长期的经营活动打下坚实的基础。

（三）神曲燃爆东疆，流水歌"洗"出新市场

我们还提炼"吃瓜文化"作为庙尔沟景区的品牌营销主题，为东疆夏宫·庙尔沟创作"我在庙尔沟吃瓜"神曲，歌词魔性、旋律曼妙、带有新疆独有的韵味，在抖音、燃旅视频、微信公众号、朋友圈、QQ 音乐、网易云音乐、全民 K 歌等社交媒体平台传播。大大增强了东疆夏宫·庙尔沟的知名度，吸引更多游客走进景区。

第六届杏花节现场

第六届杏花节现场

三、取得成效

杏花节作为一年中当地的第一个大型节日，各地合作商争相与景区合作，活动期间每天都吸引数以万计的游客来到景区参观游玩、拍照打卡。各级领导对杏花节活动高度重视，景区与各部门、各单位建立起了牢固的协作关系，这也成为每届活动顺利开展强有力的保障。

景区每次开展活动，也特别重视与当地的交流与融合，如当地的非遗产品、手艺等，都会专门在会场安排好的摊位予以展示，力求将当地优秀的特产、文创品等推向更大的市场，让其发挥应有的价值。

杏花节秉承文化旅游搭台，产业经济唱戏的思路，以杏花为媒，广邀朋友，传

活动现场

承文化，推广特产，加快推进文化振兴、产业振兴，开启"今年杏花别样红"新篇章。

庙尔沟依托异域文化旅游资源，坚持以文塑旅，以旅彰文，对加快新星经济社会高质量发展取得显著成效。

专家点评

从整体上看，本次推广活动考虑周全，涵盖了各个方面，包括景区的自然、历史和植被景观，以及丰富的活动内容、美食展示、演出节目等。同时，在推广方面，也采取了多种手段，包括线上和线下的推广，裂变营销等，考虑到了游客的需求和行为特征。具体来说，该推广注重了活动内容的多样化和创意性，从杏花展示、汉唐风情演绎、户外游乐项目、篝火晚会到夜游花海等多个方面，吸引了不同类型的游客，丰富了游客类型，提高了游客的满意度和回头率。在推广方面，营销计划采取了多种手段，包括线上推广和线下推广，通过各种广告媒体和渠道，加大宣传力度，并且采取了裂变营销的方式，通过赠票、美食抵扣券等方式，吸引更多游客前来参与。此外，该营销计划也考虑到了游客的行为特征，如选择短途游和周边游，以及对美食和文化活动的偏好等，因此在活动内容和推广方式上都十分具有针对性。

2022 长江流域主题线路发布暨"长江文化之旅"采风线上宣传推广活动项目

中国文化传媒集团

为深挖长江文明内涵与时代价值，讲好"长江故事"，全方位、整体化展示长江沿线最精华、最精彩的文旅资源，受中国文化传媒集团、江苏省委宣传部、江苏省文化和旅游厅委托，中传环球（北京）新媒体科技有限公司作为内容策划和具体执行单位，开展了"2022 长江流域主题线路发布暨'长江文化之旅'采风活动"线

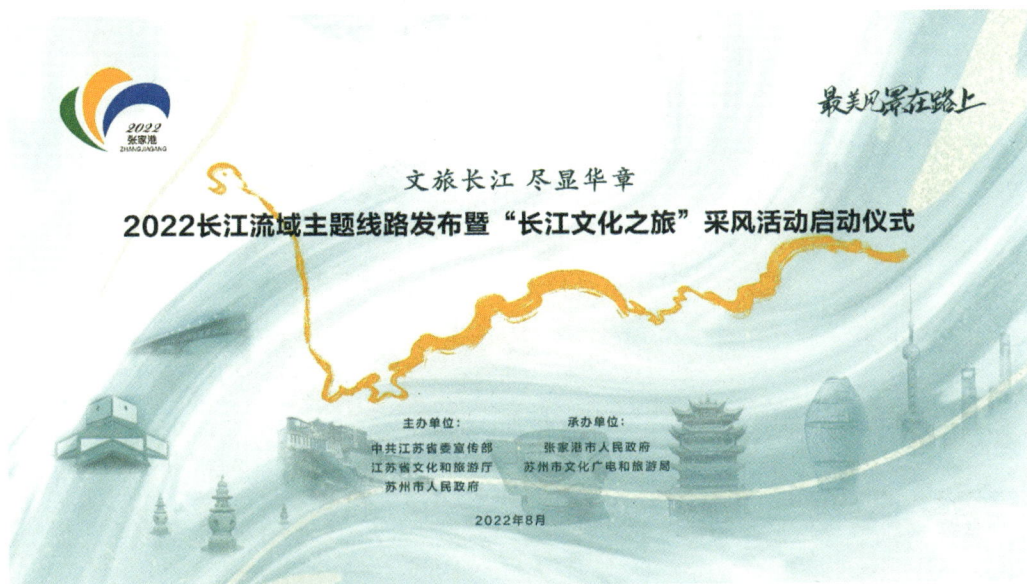

活动主视觉

上宣传推广活动，取得积极成效。

中传环球（北京）新媒体科技有限公司通过开通专题频道、发起话题推动热点传播、整合全媒体资源、聚合线上线下资源优势，全面开展线上旅游宣传推广工作，最大化撬动社会传播力量，形成全方位、多角度、立体式全媒体宣传矩阵，全面打响"长江文化节"品牌影响力，助力长江文化和旅游资源推广。

一、开展长江流域主题旅游线路征集及《长江流域精品路书》编制工作

2021 年 11 月，由文化和旅游部指导，中国文化传媒集团有限公司、江苏省委宣传部、江苏省文化和旅游厅主办的长江流域主题旅游线路征集暨主题线路采风活动启动。自 2022 年 1 月以来，长江流域十大主题线路征集工作全面开展，并于 2022 年 8 月正式完成。这些主题线路能够全面展现长江上中下游各流域的风土人情、历史脉络、人文情怀、自然风光和伟大征程。

路书封面展示页

（一）编辑成册，制作《长江流域精品路书》

推出了"长江古文明探秘之旅""新时代长江奇迹之旅""红色长江薪传之旅""长江世界遗产之旅""长江非遗体验之旅""长江乡村振兴之旅""长江生态休闲之旅""长江名城探寻之旅""书上长江奇遇之旅""文旅长江打卡之旅"十大主题，重点筛选出 105 条主题明确、独具特色的旅游线路并编制成册。2022 年 8 月《长江流域精品路书》编制完成，并在文旅中国客户端发布。

（二）建立"长江流域精品路书"专题

将每一条线路独立编辑成稿，以文图的形式进行发布与传播。截至 2022 年 12 月 31 日，专题共计发稿 105 篇，总阅读量超过 2206 万次。

（三）十大主题线路宣传视频录制及剪辑

完成了"长江古文明探秘之旅""新时代长江奇迹之旅""红色长江薪传之旅""长江世界遗产之旅""长江非遗体验之旅""长江乡村振兴之旅""长江生态休闲之旅""长江名城探寻之旅""书上长江奇遇之旅""文旅长江打卡之旅"十大主题线路宣传视频录制及剪辑工作，并将每一个视频编辑成稿件进行发布与传播。

二、举办 2022 长江流域主题线路发布暨"长江文化之旅"采风活动启动仪式

为更好推动线路宣传和市场转化，全力推动长江文旅融合发展，在 2022 年长江文化节期间举办了"长江文化之旅"主题线路采风活动。2022 年 8 月 28 日上午，"长江文化之旅"主题线路采风活动启动仪式在江苏张家港湾举办，此次活动邀请了多位来自江苏、浙江等地百万级粉丝的 KOL、大 V 及中央级媒体采风团。采风团通过自驾、高铁等多种形式深度体验长江文旅资源带来的魅力。启动现场还举行自驾游盛大发车仪式。

（一）媒体邀约

邀请国内主流媒体代表 10 余家，包括新华网、央广网、《中国文化报》、商旅中国、中商时讯观察人民号、中国商报网、消费日报网、《消费日报》等主流媒体到张家港参加活动，并与微信、微博、视频号、抖音、快手、微视频、人民网、搜狐、腾讯、一点资讯、今日头条、学习强国等 30 余家平台共同构成强有力的推广传播矩阵。

（二）嘉宾邀请

邀请中国旅游车船协会自驾游与露营房车分会、长三角旅游协会自驾游与房车露营联盟、携程集团、游侠客平台、凤凰岛投资发展有限公司等单位（团体）代表参加长三角自驾游市场联动机制签约仪式。

（三）活动直播

2022 年 8 月 28 日上午，2022 长江流域主题线路发布暨"长江文化之旅"采风活动启动仪式在文旅中国客户端开启直播互动，在央视频、百度、腾讯新闻、网易新闻和搜狐新闻等平台同步直播，直播总观看量超过 150 万人次。

活动线上直播页面

（四）启动仪式活动宣发情况

本次启动仪式期间，共计撰写原创稿件 47 篇，在文旅中国客户端、中国文化传媒网进行首发，并通过文旅中国新华号、央视频号、人民号、学习强国号、光明号、百家号、企鹅号、搜狐号、网易号、头条号、一点号、大鱼号等进行二次传播，传播稿件共计 210 余篇，总阅读量超 1199 万。

三、"长江文化之旅"采风活动取得积极成效

本次"长江文化之旅"采风活动为期 5 天，受邀而至的 KOL、大 V 沿着主流线路全面开启苏州张家港采风之旅。活动期间主办方热情接待，张家港市文体广电和旅游局悉心安排，采风活动圆满闭幕。

活动期间，承办方在微博话题、中央主流媒体宣传、商业资讯网站及 OTA 平台等同频发布热门话题，引流造势。活动结束后，联合 KOL、大 V 及时推出优质线路及旅途分享，最终活动的图文视频的总阅读量和播放量超过 3 亿人次。

（一）宣传推广主体

吸引 10 位全网百万粉丝级 KOL 探索张家港并对活动进行推介。百万粉丝级 KOL、大 V 包括微博博主黑桃宝宝 Ray、微博博主沐橙籽等。

（二）宣传推广执行

文旅中国客户端平台为活动主要宣传阵地，文旅中国微博号、抖音号、新华网新华号、今日头条号等多个平台联合发布。

（三）微博话题

活动期间，承办方在微博上创建了多个热门话题，其中＃最美风景在路上＃阅读次数超过 8 亿，＃文旅长江　尽显华章＃微博阅读次数 2.5 亿，讨论量 5 万，＃长江文化之旅＃阅读次数 18.4 万。

四、通过文旅中国客户端进行全方位宣传推广

（一）文旅中国开机启动页

文旅中国客户端推出 2022 长江流域主题线路发布暨"长江文化之旅"采访活动启动仪式主题海报开机屏。活动期间，用户在访问文旅中国客户端时可第一时间呈现。

（二）稿件撰写与发布

文旅中国记者原创撰写稿件，以文旅中国客户端、中国文化传媒网为主要发布平台，同时在人民网、新华网等国内主渠道媒体进行稿件发布，宣传内容以"图文报道＋小视频"为主。共计撰写发布稿件 47 篇 +105 篇路书，文旅中国客户端内阅读量超 1199 万，路书阅读量超 2206 万。

（三）国内各大平台建立专题并进行二次传播

在文旅中国客户端、文旅中国学习强国号、文旅中国搜狐号同步建立专题，对活动全部宣传内容进行二次传播。

文旅中国原创稿件除了在文旅中国客户端进行发布和传播外，在中国文化传媒网、文旅中国微信、微博等自有平台上进行大力宣传推广。同时，还利用文旅中国的媒体矩阵资源，在新华网客户端、百度、腾讯、人民日报客户端、学习强国、搜狐、一点资讯、头条、网易、澎湃、搜狗等十余个媒体平台进行二次传播共计传播稿件近100余篇，总阅读量3384万。

（四）微博话题

文旅中国在新浪微博平台创建多个话题，申请 # 文旅长江尽显华章 # 话题词，阅读次数超过 2.5 亿。

（五）文旅中国视频号

活动期间同步在文旅中国视频号共计发布热门稿件，共计发稿 11 条，总阅读达 4414 万次。

（六）快手＆微视＆抖音

文旅中国同步在快手、微视、抖音开通账号，活动期间实时发布传播。截至活动结束，累计发布稿件 18 条，总阅读 60.7 万次，点赞量 5627 次。

微视创建 # 长江文化之旅 # 话题词，其中：发布作品 10 条，总阅读 59 万次，点赞量 5451 个。

快手创建 # 长江文化之旅 # 话题词，其中：发布作品 10 条，总阅读 1.5 万次，点赞量 146 个。

抖音创建＃长江文化之旅＃话题词，其中：发布作品 8 条，总播放量 2171 次，点赞量 30 个。

2022 长江流域主题线路发布暨"长江文化之旅"采风线上宣传推广活动充分利用中国文化传媒集团自身优势，开展多项创意性、互动性、全民性的线上、线下宣传工作，持续扩大"长江文化节"系列活动的影响力。同时，辅以文化和旅游行业媒体宣传联动机制成员单位主题活动所进行的宣传报道，覆盖受众超 5.5 亿多人次，形成线上与线下相结合的联动传播网。

专家点评

　　本次宣传推广活动主要围绕两项内容展开，一是征集了长江流域十条主题线路，并制作了电子路书在社交媒体平台发布，二是开展了"长江文化之旅"的采风活动，创新之处在于不但邀请了传统媒体，而且邀请了互联网关键意见领袖和具有一定知名度的互联网创作者。长江流域旅游资源丰富，无论是自然资源还是人文资源，在旅游开发方面都还只是浅尝辄止，可开发的领域和内容具有非常大的创新空间。本次宣传推广活动的策划和执行，具有很强的专业性，在媒体的使用上不但依托于自有媒体平台，还能够充分运用知名新兴自媒体平台，在引导话题、发布内容和吸引注意方面收到了很好的效果。采风活动本身是收集资料的过程，同时对采风活动的报道也是一次话题比较密集的自媒体推广活动，采风活动的参加者都是自媒体领域创作的高手，自带的流量也会促进活动话题的展开。

"寻访人间烟火·尽享美好生活"
——全国夜间文化和旅游消费系列宣传推广活动

中国旅游报社

一、案例简介

为贯彻落实《国务院办公厅关于进一步激发文化和旅游消费潜力的意见》和《文化和旅游部办公厅关于开展第一批国家级夜间文化和旅游消费集聚区建设工作的通知》，推动国家级夜间文化和旅游消费集聚区建设，在文化和旅游部产业发展

授牌仪式

司、江苏省文化和旅游厅的共同指导下，中国旅游报社主办，常州市文化广电和旅游局承办的"寻访人间烟火　尽享美好生活"——全国夜间文化和旅游消费系列宣传推广活动（以下简称"活动"）于 2022 年 8 月 25 日在江苏省常州市举办。

活动邀请夜间文化和旅游消费集聚区代表、知名文化产业和旅游产业代表、品牌企业代表、行业专家，分享案例，交流经验，围绕"夜食、夜宿、夜行、夜游、夜购、夜娱、夜秀、夜读"八大领域，举办论坛、营销推广、现场体验等一系列活动，助力夜间文化和旅游消费新模式、新业态建设。

二、活动内容与创新点

（一）产业协同——激发文旅消费新动能

一次紧抓夜经济、探索新路径的协同发展大会。一是向已命名的国家级夜间文化和旅游消费集聚区入选单位进行图片征集，以照片墙、文化长廊、手册形式进行年度盘点，集中展示国家级夜间文化和旅游消费集聚区创建工作成果及创建单位风采。二是以全国夜间文化和旅游消费集聚区创建相关政策为引导，邀请文化、旅

主持人开场

游、传播、经济、设计类专家以及文化和旅游行业企业代表，聚焦行业发展，赋能产业升级，对全国夜间文化和旅游消费集聚区创建的优秀经验进行分享，围绕夜间文化和旅游消费发展的相关痛点、难点进行深度研讨。三是举办"夜间文化和旅游消费推广活动"，对如何促进文化和旅游消费活动进行破题，力争形成会议成果，并为推动常州市文化和旅游消费赋能。

（二）多元创新——培育文旅消费新业态

一次紧随趋势、创新成果丰硕的前沿大会。一是抓住夜间文化和旅游消费市场年轻化的特点，针对性的设计制作一批具有活力、实用性、引导性、创新性、趣味性的夜游周边，如"夜游数字藏品""夜游文创"等产品，贴合年轻人的潮玩思维，形成城市夜游礼物系列，以互动活动赠送、特约授权售卖等形式激活市场，增强城市夜游文化凝聚力与品牌性。二是根据文旅产业发展特征，围绕"夜食、夜宿、夜行、夜游、夜购、夜娱、夜秀、夜读"发展诉求，引入和推荐符合市场发展需求的创新业态规划设计厂商和产品生产厂商，促进供需的有效对接和沟通。

（三）学术支撑——理论和实践的双向赋能

一次突出产学研用、破题赋能夜经济高质量发展的引领大会。一是邀请文化和旅游、区域经济发展等领域的知名专家，围绕夜经济发展的产业趋势、行业特征、机遇挑战以及国际国内优秀案例等进行学术研讨。二是在本次活动中对集聚区代表举行授牌仪式，并联合高德、美团、人民大学等多家流量单位与学术机构共同发布"夜间文化和旅游消费地图""夜间文化和旅游消费榜单""夜间文化和旅游消费指引"，为培育升级消费场景，在时间和场景上持续延伸夜间消费链条、提升夜生活品质和活跃度等方面提供跃升新引擎。

（四）品牌塑造——搭建全时空立体营销矩阵

一次新时代视听传播创新大会。本次活动以"线上+线下""传统纸媒+新媒体平台""图文+视听"相结合的方式，搭建立体化、综合化、多元化的传播矩阵。宣传推广将贯穿活动"前—中—后"全流程。活动预热阶段，通过中国旅游报社的融媒体平台，联动省内各夜间文化和旅游消费示范城市知名机构、活动的官方自媒体，展开多层次、多角度的宣传；活动期间，面向政务群体、行业群体、大众游客，对全国夜游发展成果进行展示、营销，并在微信公众号、微博、各大视频平台发起"中国之夜"聚合话题，引导大众关注夜游，了解会议举办地，反响热烈；活动结束后，依托中国旅游报社的文旅产业指数实验室对活动的舆情进行总结，并通过中国旅游新闻网、《中国旅游报》、学习强国号、今日头条等主流媒体发布新闻报道，为各级文化和旅游行政部门拉动文化和旅游经济赋能。

（五）共创共享——构建夜经济优质伙伴合作圈

一次卓有成效的供需对接洽谈会。设置专题环节，安排常州市、景德镇等城市、夜间文旅消费集聚区单位在活动上对当地文化和旅游夜间资源、项目进行重点推介，为拉动常州市等全国夜间文旅消费集聚区文化和旅游消费贡献力量。同时，

开场视频播放

本次活动创新"展示 + 洽谈"复合形式，特设商贸洽谈板块，邀请全国具有地域代表性的零售商、电商平台、消费金融业务机构组成买家团，与参展单位进行商贸洽谈，切实解决文旅产业夜经济消费的参与主体"生产企业"产品快速进入流通市场的诉求，为政府与产品供给方、零售商、金融机构之间搭建合作桥梁，有效推进产业优化升级。

三、主要成效

本次活动为加大宣传力度，扩大传播影响力，中国旅游报社采用了实时传送、线上云游、同步直播、全网传播等推广方式，围绕"夜食、夜宿、夜行、夜游、夜购、夜娱、夜秀、夜读"等夜间文化和旅游消费形态，联动各省夜间文化和旅游消费示范集聚区所在城市、机构、企业、主流媒体、自媒体，展开多渠道、立体化宣传推广，打破了地域及疫情的阻碍，增强活动参与感，引发社会的高关注度。

活动前期，中国旅游报社官方微博发布活动倒计时海报，并发动全国受众圈转发。活动当天，中国旅游报社发布"今日热点"话题微信海报，中国旅游报社官方微信视频号、一码会展开通双直播入口，并同步开启图片直播，多渠道宣传推广本次活动；《中国旅游报》彩色整版对全国夜间文化和旅游资源与产品进行刊发，并安排互动交流。活动后期，依托中国旅游报社下设的文旅产业指数实验室对活动的舆情进行总结，并通过中国旅游新闻网、《中国旅游报》、学习强国号、今日头条等宣传推广，并邀请《人民日报》《政协报》、新华网、中青网、央视网等中央级媒体同步宣传。

室内展位布置

　　根据文旅产业指数实验室舆情传播大数据系统传播路径分析结果，活动相关信息传播全网的受众达 12 亿人次。在媒体中，包括《人民日报》、新华社、《工人日报》《中国旅游报》、新华网、央视新闻、央广网、人民网、光明网、中国新闻网、中国日报网、中国青年网、中国旅游新闻网等媒体转载和报道了相关新闻，传播覆盖了全国 31 个省（自治区、直辖市）近 1600 万人次。在微信公众号平台，共监测到相关信息 3800 条，累计阅读达 405 万人次；在微博平台，共监测到相关信息 5200 条，受众超过 1 亿人次；相关话题 # 中国之夜 #、# 第二批国家级夜间文化和旅游消费集聚区名单 # 等累计阅读达 6200 万次；在抖音、快手、视频号等多个平台中，共监测到相关视频信息播放、点赞、转发、评论达到 100 万次，共计舆情信息 27722 条。从监测的结果来看，网友高度关注活动，表现出了较高的互动热情，网友参与转发、讨论的相关信息所表现出的情绪以喜悦、赞扬为主，其中喜悦之情占比 50.68%，赞扬之情占比 49.12%。数据显示，网友对夜间文旅新业态表现出浓厚的兴趣。

　　中国旅游报社通过举办活动，借助各大新媒体平台，创新实现了"全线传播，重点宣传"的推广模式，以产业融合激发消费潜力，进一步推动国家级夜间文化和旅游消费集聚区建设提质增效，满足人民美好生活需要，助力文化和旅游产业高质量发展。

专家点评

第一，积极响应国家战略，瞄准新兴消费领域，助力消费新业态发展。扩大内需、刺激消费是我国经济社会发展的重要战略任务，其中夜间文化和旅游消费更是因为其贴近市场而广受关注。该案例围绕夜间休闲旅游消费主要领域，系统梳理"夜食、夜宿、夜行、夜游、夜购、夜娱、夜秀、夜读"八大消费形态，邀请产业界、学术界等多方代表，通过活动展示、项目洽谈、立体宣传等方式全线宣传，有效促进了人们对夜间消费的社会认知，积极推动了夜间消费拓展。

第二，突出全媒体矩阵的协同宣传和产学研用的相互赋能。一方面，以"线上＋线下""传统纸媒＋新媒体平台""图文＋视听"相结合的方式，搭建了立体化、综合化、多元化的传播矩阵，活动相关信息传播全网的受众达12亿人次。另一方面，重视典型区域的经验分享以及夜经济发展趋势、机遇挑战以及难点痛点方面的学术研讨，有助于夜间文化和旅游消费在榜样力量的带动下和理论研究的引导下更高质量地发展。

数字艺术品赋能景区宣传推广系列活动

中国旅游协会旅游营销分会

一、案例简介

随着我国经济社会的快速发展和现代化进程不断加快，元宇宙、数字藏品异常火爆，在文旅行业的营销价值初露端倪。尤其是数字藏品，通过嫁接景区IP、文创艺术，在景区和文博院馆向"90后""00后"客群宣传推广赋能方面作用巨大。

"十四五"规划中将"加速数字化发展，建设数字中国"单独成篇，提出迎接数字时代，作为数字经济新的增长点之一，数字文创迎来了良好的发展机遇。

为践行习近平总书记"绿水青山就是金山银山"的理念，用科技赋能和提振旅游行业复工复产，2022年中国旅游协会旅游营销分会变挑战为机遇，积极创新数字营销渠道和线上宣传推广方式，拥抱2022年数字藏品拉动新消费、新动能趋势，策划和发起在线数智赋能景区宣传推广暨"数字文创赋能景区宣传推广系列活动"（以下简称"系列活动"），在文化和旅游领域，通过内容分析洞察、数字文创发行、年度数据报告三个步骤，从行业概念普及、引领示范到效果评估三个层面实践了文旅领域数字藏品和文博院馆、景区、度假区等目的地的有机融合，践行了习近平总书记提出的"促进数字经济和实体经济深度融合"的目标。

宣传海报

二、具体做法

主要创新：紧扣行业发展趋势和现象级事件，抓住 2022 年风头正猛的数字藏品"出圈"现象，中国旅游协会旅游营销分会积极发挥协会作用，动员会员单位深度分析数字经济与文旅实体经济深度融合发展的结合点，有节奏的拥抱数字藏品实践。在年初通过大量内容分析洞察找到文旅景区与数字藏品的结合点，通过文章内容在景区普及数字藏品概念、国内外发展现状、分析利弊风险；梳理"绿水青山"优质资源和头部景区的典型代表，结合中国旅游日推出"绿水青山"系列数字艺术品，赋能景区宣传推广；在年末结合全年实践，进行文旅行业数据应用调研，撰写《2022 数字文旅藏品研究报告》，进行效果评估。

亮点做法：在系列活动中，始终紧紧围绕"数字经济与文旅实体经济深度融合发展"，注重实践、加强调研、完善总结，实践和普及了数字艺术品赋能景区发展概念。

（一）示范实践"绿水青山"系列数字艺术品

2022 年 5 月 19 日第十二个中国旅游日到来之际，中国旅游景区协会山岳分会联手中国旅游协会旅游营销分会，在会员单位中实践数字文创赋能景区宣传推广系列活动。两大协会中旅游营销与山岳分会携手，优势互补、相互赋能，实现了疫情背景下用创新的数字文创方式提振头部景区在"00 后""95 后"等年青一代潜在客源市场中知名度的目标，为下一步疫情放开后，年轻人走出家门游历大美山河奠定了基础。

依托视觉中国的数字藏品平台"元视觉"，活动方策划以"绿色发展，美好生活"为初衷的"绿水青山"系列数字藏品赋能景区宣传推广活动，并与长白山、黄果树、鸡公山、冈仁波齐、鉴湖 5 个具有代表性的景区、度假区就授权、版权等内容进行探索和商议，在 5 月 19 日当天成功发行万份数字艺术品，实现上线 10 秒内售罄的漂亮成绩，极大地鼓舞了景区、度假区在数字藏品领域的实践。

首批推出的五大数字艺术品包括《绿水青山·长白山》，它在展现绿水青山概念的同时，紧扣冬奥冰雪主题，体现世界三大粉雪基地、"世界黄金滑雪带"中国东北长白山的四季生态之美；《绿水青山·鉴湖》展现了唐诗之路、运河之畔的鉴湖美景，呼应了绿水青山与共同富裕和文旅融合的概念；《绿水青山·黄果树》体现了中国南方喀斯特地貌、大瀑布飞流直下的壮观，呼应了绿水青山与生态产业化的理念；《绿水青山·冈仁波齐》体现我国西部雪域高原、世界屋脊阿里地区冈仁波齐的自然之美，展现了绿水青山与边疆地区固边兴边富民发展的和谐；《绿水青山·鸡公山》展示了大别山老区旅游发展带动经济振兴，呼应了绿水青山与乡村振兴理念。

（二）注重行业和头部企业一线调研

数字艺术品赋能景区宣传推广系列活动，注重全年重要时段数据观察与分析，分别在 2022 年 5 月下旬和 9 月，对文旅相关的数字藏品、发行平台、发行内容进行

2022数字文旅藏品研究报告

中国旅游协会智慧旅游分会
中国旅游协会旅游营销分会
中国文物报社
大品营销

2022年12月

目录

壹 数字藏品在中国
贰 数字藏品的政策
叁 数字文旅藏品市场分析
肆 数字文旅藏品趋势探索
伍 数字文旅藏品探析

叁 **数字文旅藏品市场分析**
Market analysis of digital collections

◆ 数字文旅藏品市场规模
◆ 数字文旅藏品用户分析
◆ 数字文旅藏品表现形式
◆ 数字文旅藏品价格分析
◆ 数字文旅藏品渠道分析

三、数字文旅藏品市场分析

（一）数字文旅藏品市场规模

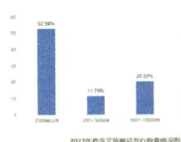

2022年数字文旅藏品发行数量情况图

有超过半数的数字文旅藏品数量在2000份以内，每个单件从2000到10000不等。

2022年中国旅游行业后期数字文旅藏品概况

名称	发行方	数量
"云南古建分县春季大创藏及忆宝"系列	腾讯·幻核	40000
"泰山"系列	阿里集下超级，阿里钉钉盒	50000
"十大国家一级博物馆镇馆之宝"系列	百度百科	40000
"徐来青山"系列	人民资源，视觉中国·元视觉	10000

系列文旅数字藏品多由4个单品以上组成，系列类合计多在万份。

三、数字文旅藏品市场分析

（三）数字文旅藏品表现形式

数字文旅藏品本现形式分布情况图

数字文旅藏品表现形式分布情况图

原创IP　文物文创　影音娱乐　品牌联动

2022年，发行的数字文旅藏品形式多集中于3D模型、手绘、动画、插画、视频、漫画、皮肤以及头像等方面，在音乐、社群经济等方面表现形式有所欠缺，在创新上有待进一步提升。

肆 **数字文旅藏品趋势探索**
Trend research of digital collections

◆ 数字文旅藏品价值分析
◆ 数字文旅藏品价值问题
◆ 数字文旅藏品用户诉求
◆ 数字文旅藏品未来展望

伍 **数字文旅藏品探析**
Extra research of digital collections

◆ 资质：数字纪念票
◆ 元宇宙：文博院馆
◆ 发行：标志性平台

五、数字文旅藏品探析

数字藏品对于景区的意义

创造数字化资产　　**创新数字化体验**　　**助力数字化营销**

五、数字文旅藏品探析

（二）元宇宙：文博院馆

鲸探"宝藏计划"

2021年10月，湖北省博物馆、湖南省博物馆、河南博物馆等24家文博单位参与了该项目，发行了源自馆藏的文创数字藏品。春节集五福期间集体上线的了3D数字藏品。

五、数字文旅藏品探析

（三）发行：标志性平台

鲸探　　**元视觉**　　**山海景藏**

研究报告内容

调查和统计。系列活动在充分调研和分析的基础上进行问卷设计，向数百个景区、度假区等旅游目的地、数藏平台、酒店度假村等机构进行发放，达到了"用调研促宣推"的目的并收回百余份问卷。

通过一线调研，更多的景区、度假区等目的地通过填写问卷，深入理解了数字藏品背后的逻辑和未来需要避免的雷区；组织方通过对回收问卷的统计和发掘，掌握了文旅头部企业、数字藏品平台的大量一手数据，为后续数字藏品为文旅行业带来的机遇和挑战研究和决策，积累了丰富的内容，起到了协会在促进行业发展中应有的作用。

（三）强调年度行业效果的评估和总结

2022 年 12 月，举办线上复盘与展望论坛暨文旅数字藏品报告发布活动，在线发布《2022 数字文旅藏品研究报告》。论坛以"新起点、新科技、新创见"为主题，通过主题分享、圆桌对话、研究报告发布等形式，集聚数字藏品文旅行业力量，助力文旅管理者深入理解数字文创。

研究报告集中研究了国内外数字藏品的发展情况，分析了我国的数藏政策环境、市场井喷式发展概况、文旅类数字藏品趋势以及国内已经推出的文旅数字藏品典型案例，并对年度调研和问卷反应的国内文旅数字藏品发布平台和用户画像等内容进行了深入分析与总结。

三、主要成效

（一）借势而上，携手旅游景区探索文旅数字化转型

数字化浪潮席卷全球，我国数字化发展进程不断提速。"十四五"规划将"加速数字化发展，建设数字中国"单独成篇，数字文创迎来良好发展机遇。现如今，国内外各大城市加快发展以文创产业为核心的创意经济、绿色经济、数字经济，加码数字文创，以数字藏品为代表的数字文创成为新的目的地竞争赛道。

新的旅游市场消费主体催生出新的旅游市场供给，伴随互联网成长的一代人更

需要多元化、个性化、相互融合的新场景、新体验、新服务，文旅数字化转型势在必行，数字创新技术的不断进步正在为文旅行业数字化转型赋能。系列活动通过数字文创助力景区嫁接元宇宙热潮，对接青年客群，实现数字经济与实体经济的相融合，为提振旅游行业信心、培育旅游市场新增长点赋能。

（二）营销新路，搭"数字藏品"快车加速文旅推广

随着跨领域多类别的数字文创企业相继建立，一个充满活力、高度融合的创意经济集群逐渐成形。文创产业与数字技术呈现出高度融合的发展趋势，数字文创影响力与活力不断增强，吸引着更多年轻群体。文旅行业布局数字藏品、入局元宇宙，是一种尝试，也是在抢占未来发展先机。让文旅行业搭上"数字藏品"快车，是打开文旅行业宣传推广的新思维与新路径。景区发行数字藏品，其品牌营销和宣传推广意义巨大。数字藏品发售和交易能够在年轻客群中形成多次互动和传播，利于景区、度假区等目的地宣传。

借助中国旅游日的契机，策划"绿水青山"系列数字藏品赋能景区宣传推广活动，让更多旅游景区和目的地能更好地认识数字藏品和数字文创，通过示范探索数字藏品的更多玩法，比如数字藏品＋景区门票、数字藏品＋实体文创、数字藏品＋会员拉新等，直观地将目的地引流给消费者，吸引激发旅游动机向销售转化，共同探索数字藏品与实体文旅产业相融合的创新盈利模式。

（三）独具价值，丰富文创的收藏方式与收藏价值

数字文创让科技和文化的进步为更多人群共享，让技术能够承载、体现新时代价值观。数字文创的文化影响力与数字科技优势转化成经济发展新动能，能促进经济高质量发展，在市场中构筑景区目的地新核心竞争力，为更加立体化文创和构建二销体系创造条件。文旅数字藏品，不仅能开辟文旅产业发展的新赛道，用元宇宙赋能传统文旅企业，培育"元宇宙＋旅游"的新生态，引领文旅消费新模式，更能探索实践收藏大自然风光的新方式，让更多的年轻消费者通过数字收藏驱动旅游体验。

专家点评

　　元宇宙是当前最热的话题之一，是人类运用数字技术构建的，可与现实世界交互的虚拟世界。而数字艺术品是元宇宙和区块链技术在旅游行业的一项运用，也是旅游行业发展数字经济的体现。中国旅游协会旅游营销分会将数字艺术品赋能旅游景区，既能借热话题带动景区数字艺术品销售和品牌推广，又能充分体现出文化和旅游的深度融合，让游客在体会景区"青山绿水"的同时，又能领略风景之中的历史人文。而对于旅游企业、旅游景区来说，既能搭上"数字藏品"快车来宣传推广旅游资源，又能探索一种创新的数字藏品与实体文旅产业相融合的盈利模式。